采购·仓储·物流工作手册系列

采购业务全流程风险管控工作手册

弗布克管理咨询中心　编著

化学工业出版社

·北京·

《采购业务全流程风险管控工作手册》阐述了采购计划管控、采购预算管控、采购供应商管控、采购招标管控、采购价格与成本管控、采购谈判管控、采购效率与绩效管控、采购法务与合同管控等丰富的内容,通过"风险点+关键点+制度+流程+文案+表单"的结构模式对其内容进行了完整地呈现,为企业的采购工作提供了立体化、系统性的解决方案。

《采购业务全流程风险管控工作手册》适合企业采购部经理、主管、一线采购人员及企业培训师、咨询师使用,也适合高校采购相关专业师生阅读与参考。

图书在版编目(CIP)数据

采购业务全流程风险管控工作手册/弗布克管理咨询中心编著. —北京:化学工业出版社,2019.12(2024.9重印)
(采购·仓储·物流工作手册系列)
ISBN 978-7-122-35355-9

Ⅰ.①采⋯ Ⅱ.①弗⋯ Ⅲ.①企业管理-采购管理-业务流程-风险管理-手册 Ⅳ.①F274-62

中国版本图书馆CIP数据核字(2019)第223238号

责任编辑:王淑燕　　　　　　　　装帧设计:关　飞
责任校对:宋　夏

出版发行:化学工业出版社(北京市东城区青年湖南街13号　邮政编码100011)
印　　装:涿州市般润文化传播有限公司
710mm×1000mm　1/16　印张12¾　字数237千字　2024年9月北京第1版第4次印刷

购书咨询:010-64518888　　　　　　售后服务:010-64518899
网　　址:http://www.cip.com.cn
凡购买本书,如有缺损质量问题,本社销售中心负责调换。

定　价:58.00元　　　　　　　　　　　　　　版权所有　违者必究

编写说明

当前,物流这个原来的"黑暗大陆"(德鲁克语)正受到前所未有的关注,在一些领域甚至有"得物流者得天下"的说法。

鉴于此,我们特推出"采购·仓储·物流工作手册系列",旨在解决中国仓储物流业务的规范化运营与精细化执行问题。

向管理要效益,关键在于执行。企业在执行的过程中急需的是实务性的工具。只有运用各类实务性的执行工具,执行到位、有效执行、规范执行、按照制度和流程执行,才能提高企业的执行速度和运营效率,企业才会更加具有竞争力。

可以说,执行力是企业核心竞争力的重要体现,工作流程是企业效率的体现,而速度和细节决定成败。企业如果没有一套精细化的工作执行体系,不把日常管理中的每项工作通过具体的管理工具落到实处,则一切都会浮于表面、流于形式,成为"表面化"管理和"形式化"管理。

正是基于这样的思考,"采购·仓储·物流工作手册系列"从工作内容分析、工作精细化执行两个层面,通过工具、流程、制度、文案、规范、要点、技巧、模板、范例等多种形式,对仓储物流业务管理的各项工作进行详细阐述。

从整体上看,本系列图书涵盖仓储物流业务中的核心业务、关键岗位和关键部门,一方面通过《物流业务精细化管理工作手册》从全局的角度讲解物流业务知识的精细化应用,让读者全面掌握物流管理工作;另一方面通过《采购业务全流程风险管控工作手册》《仓库管理员精细化管理工作手册》《采购人员精细化管理工作手册》《配送人员精细化管理工作手册》四书,深入对仓储物流核心业务、关键部门和关键岗位的精细化执行进行阐述,关切读者的核心利益,使得本系列形成"1+4"的图书格局,进而提供了仓储物流全业务解决方案。

从内容上,本系列图书将企业日常仓储物流业务各类工作内容进行总结提炼,并将其中的关键环节制度化、模板化、规范化、文案化、工具化和流程化,为仓储物流业务工作人员提供各种可以借鉴的范例、模板、流程和工具。让读者能知道工作的关键是什么,自己具体应当做什么;通过业务的执行细化,读者能知道自己应该运用哪些具体的工具和制度,按照怎样的步骤去执行。最终,形成一套精细化的工作执行体系,以辅助仓储物流业务工作人员胜任本职工作,提升业务执行能力。

综上所述,本系列图书所提供的内容属于"参照式"范本,是仓储物流业务工作人员开展工作的工具书和细化执行手册。为了便于读者更好地应用本书,特提出以下几点意见,以供读者参考。

(1)对于本书提供的工具、流程、制度、文案和模板等,读者可根据所在企业的实际情况加以适当修改，或者参照设计，使之与本企业的实际情况相适应。

（2）读者可根据本系列图书的模式，将所在企业每个部门内每个工作事项清晰描述，并制定出具体执行的操作规范和工作流程。

（3）读者要在实践中不断改进已经形成的制度、模板、工具和流程，以达到高效管理、高效工作的目的，最终达成"赢在执行"的目标。

前 言

风险无处不在,管控如影随形。如何降低采购全流程的风险、完善企业的采购与供应链管理体系,增强企业管理的软实力,并非是一件简单易行的事。鉴于此,我们编写了《采购业务全流程风险管控工作手册》一书,为企业采购人员提供基于风险的管控。

《采购业务全流程风险管控工作手册》一书为采购运营工作提供了系统的制度、流程、工具和文案。本书从风险控制的角度出发,将采购业务中的8大关键事项,通过风险点、关键点、制制度、流程、文案、表单"六位一体"的整合,把采购管理业务落实到具体的岗位和人员,为企业的采购工作提供了立体化、系统性的解决方案。

为了方便读者"拿来即用""稍改即用""易于套用",本书对各部分内容都进行了"模块化"的设计,读者可以结合本企业的实际情况有针对性地修改、使用。

概括起来,本书主要有如下3大特点。

1. 全业务,全流程,全环节

本书从采购工作实际出发,将其业务划分为8章:采购计划管控、采购预算管控、采购供应商管控、采购招标管控、采购价格与成本管控、采购谈判管控、采购效率与绩效管控、采购法务与合同管控。内容编排上,以风险点开篇,归纳汇总了41个主要采购业务环节涉及的风险点,以期协助企业预防、化解及规避采购风险。

2. 全方位,全要点,全解析

本书各章节中的内容,通过要点、策略、流程、工具、制度、文案等模块展现,并且采用图表结合的方式呈现、解析、示范,使其内容更加直观,更便于读者的拿来即用,改了能用。

3. 实用性,参照性,效率性

本书提供的管理工具、方法、策略、技巧等内容,具有很强的针对性与实用性，便于读者快速参照本书的内容并将其应用于采购工作中，进而帮助采购人员提高工作效率。

本书是企业采购部进行规范化管理必备的工具书，也是采购管理人员、采购从业人员进行业务规范化操作的指导手册，适用于广大采购从业人员使用和高校采购专业教师教学实训使用。

在本书的编写过程中，程淑丽编写了本书的第1～4章，张丽萍编写了第5章，张小会、关俊强编写了第6、7章，李艳编写了第8章，全书由弗布克管理咨询中心统撰定稿。

本书在编写的过程中难免有不妥之处，望广大读者批评指正。

编著者
2019年9月

目录

第1章 采购计划管控 / 1

1.1 采购需求管控 …………………………………………………………… 2
- 1.1.1 风险点1:需求分析 …………………………………………… 2
- 1.1.2 风险点2:需求预测 …………………………………………… 2
- 1.1.3 工具1:分析工具 ……………………………………………… 3
- 1.1.4 工具2:调研问卷 ……………………………………………… 4
- 1.1.5 工具3:预测方法 ……………………………………………… 5
- 1.1.6 文案:调研报告 ………………………………………………… 8
- 1.1.7 流程:需求预测流程 …………………………………………… 9

1.2 采购库存管控 …………………………………………………………… 11
- 1.2.1 风险点1:库存量 ……………………………………………… 11
- 1.2.2 风险点2:周转率 ……………………………………………… 11
- 1.2.3 方法1:库存控制方法 ………………………………………… 12
- 1.2.4 方法2:周转率计算方法 ……………………………………… 14

1.3 采购计划 ………………………………………………………………… 16
- 1.3.1 风险点1:订货周期 …………………………………………… 16
- 1.3.2 风险点2:安全周期 …………………………………………… 16
- 1.3.3 风险点3:申报、备案、审批 ………………………………… 17
- 1.3.4 文案:采购计划书 ……………………………………………… 17
- 1.3.5 制度:采购申请审批制度 ……………………………………… 20
- 1.3.6 流程:采购计划编制流程 ……………………………………… 22

第2章 采购预算管控 / 23

2.1 采购要懂得的财务知识 ………………………………………………… 24

2.1.1 成本知识 …………………………………………… 24
　　2.1.2 税务知识 …………………………………………… 24
　　2.1.3 三大报表 …………………………………………… 24
2.2 采购预算的编制 …………………………………………… 25
　　2.2.1 风险点1:预算编制风险 ………………………………… 25
　　2.2.2 风险点2:预算审批风险 ………………………………… 25
　　2.2.3 因素:采购预算编制的影响因素 ………………………… 26
　　2.2.4 问题:采购预算编制的常见问题 ………………………… 26
　　2.2.5 方法:采购预算编制方法 ……………………………… 28
　　2.2.6 流程1:采购预算编制流程 …………………………… 31
　　2.2.7 流程2:采购预算变更流程 …………………………… 32

第3章　采购供应商管控 / 35

3.1 供应商开发 ………………………………………………… 36
　　3.1.1 风险点:频繁开发,成本过高 …………………………… 36
　　3.1.2 开发要点:6大要点 …………………………………… 36
　　3.1.3 开发渠道:10种渠道 …………………………………… 38
　　3.1.4 工具:供应商调查表 …………………………………… 39
　　3.1.5 流程:供应商开发流程 ………………………………… 40
　　3.1.6 制度:供应商开发规范 ………………………………… 42
3.2 供应商评估 ………………………………………………… 45
　　3.2.1 风险点:缺乏考核、考核标准不清晰 …………………… 45
　　3.2.2 工具1:供应商评价指标体系 …………………………… 46
　　3.2.3 工具2:供应商评价表 …………………………………… 47
　　3.2.4 工具3:供应商推荐表 …………………………………… 47
　　3.2.5 工具4:供应商评审记录表 ……………………………… 48
　　3.2.6 工具5:合格供应商名录 ………………………………… 50
　　3.2.7 流程:供应商评估流程 ………………………………… 51
　　3.2.8 制度:供应商评估制度 ………………………………… 52
3.3 供应商选择 ………………………………………………… 55
　　3.3.1 风险点1:选择不当 …………………………………… 55
　　3.3.2 风险点2:更换供应商 ………………………………… 55
　　3.3.3 影响因素:5大因素 …………………………………… 56
　　3.3.4 方法1:招标法 ………………………………………… 56
　　3.3.5 方法2:直观选择法 …………………………………… 57

- 3.3.6 方法3:考核选择法 …… 57
- 3.3.7 方法4:AHP层次分析法 …… 58
- 3.3.8 流程1:供应商选择流程 …… 59
- 3.3.9 流程2:供应商更换流程 …… 61
- 3.3.10 制度:供应商选择制度 …… 62
- 3.3.11 文案:供应商更换方案 …… 64
- 3.4 供应商关系维护 …… 64
  - 3.4.1 风险点:激励不当 …… 64
  - 3.4.2 要点:4大要点 …… 65
  - 3.4.3 工具:供应商访谈记录表 …… 66
  - 3.4.4 流程:供应商关系维护流程 …… 67
  - 3.4.5 制度:供应商关系维护制度 …… 69
  - 3.4.6 文案:供应商奖惩实施方案 …… 71

第4章 采购招标管控 / 73

- 4.1 招标代理机构的选择 …… 74
  - 4.1.1 风险点1:选择方式的风险 …… 74
  - 4.1.2 风险点2:招标代理机构的行为风险 …… 74
  - 4.1.3 措施:招标代理机构的选定 …… 74
  - 4.1.4 标准:招标代理机构选择评分标准 …… 75
  - 4.1.5 流程:招标代理机构比选流程 …… 75
  - 4.1.6 公告:招标代理机构选取公告 …… 75
- 4.2 招标文件的编制 …… 77
  - 4.2.1 风险点1:采购项目的技术标准 …… 77
  - 4.2.2 风险点2:投标人的资格资信 …… 77
  - 4.2.3 内容:招标文件的内容 …… 78
  - 4.2.4 注意:编制招标文件的注意事项 …… 79
  - 4.2.5 要求:投标文件的编制要求 …… 79
  - 4.2.6 示例:招标文件示例 …… 80
- 4.3 招标公告的发布 …… 83
  - 4.3.1 分类:招标公告的分类 …… 83
  - 4.3.2 内容:招标公告的内容 …… 83
  - 4.3.3 范例:招标公告范例 …… 84
  - 4.3.4 办法:招标公告发布管理办法 …… 85
- 4.4 资格预审、文件出售与接收标书 …… 88

  4.4.1 风险点1：资格预审 ·· 88
  4.4.2 风险点2：投标文件的时间限制 ······································· 89
  4.4.3 公告：发布资格预审公告 ··· 89
  4.4.4 程序：资格预审程序 ··· 90
  4.4.5 澄清：书面澄清和解释 ·· 90
  4.4.6 出售：出售招标文件 ··· 90
  4.4.7 接收：接收投标文件 ··· 90
4.5 开标、评标与中标 ··· 91
  4.5.1 风险点1：评标专家抽取 ··· 91
  4.5.2 风险点2：开标和评标 ·· 91
  4.5.3 程序：开标程序 ··· 91
  4.5.4 流程：评审流程 ··· 93
  4.5.5 工具：采购招标评审表 ·· 94
  4.5.6 制度：投标文件评审制度 ··· 94
  4.5.7 报告：评标报告 ··· 97
  4.5.8 举荐：举荐中标候选人 ·· 98
  4.5.9 中标：定标与通知 ·· 98
4.6 无效标书 ·· 99
  4.6.1 情形：无效标书的情形 ·· 99
  4.6.2 注意：务必注意的事项 ·· 99

第5章 采购价格与成本管控 / 101

5.1 采购价格管控 ·· 102
  5.1.1 风险点1：对市场价格变化缺乏预测 ······························· 102
  5.1.2 风险点2：价格是否在合理区间 ······································ 102
  5.1.3 风险点3：采购价格过低 ··· 102
  5.1.4 影响因素：8大影响因素 ·· 102
  5.1.5 工具：采购询价单 ·· 105
  5.1.6 文案：询价采购报告 ··· 106
  5.1.7 流程1：采购询价管理流程 ·· 107
  5.1.8 流程2：采购定价管理流程 ·· 108
  5.1.9 制度1：采购询价管理制度 ·· 109
  5.1.10 制度2：采购价格管理制度 ·· 111
5.2 采购成本控制 ·· 115
  5.2.1 风险点：采购成本是否控制在合理区间 ···························· 115

5.2.2　方法:采购成本控制6大方法 ·· 115
　　　5.2.3　节约策略1:集中采购 ·· 116
　　　5.2.4　节约策略2:借助信息管理系统 ·· 117
　　　5.2.5　工具1:成本预算表 ·· 117
　　　5.2.6　工具2:成本费用单 ·· 118
　　　5.2.7　工具3:采购成本计算表 ·· 118
　　　5.2.8　文案:定期采购成本控制方案 ·· 118
　　　5.2.9　流程1:采购成本控制流程 ·· 120
　　　5.2.10　流程2:采购成本核算流程 ·· 121
　　　5.2.11　制度1:采购成本管控制度 ·· 122
　　　5.2.12　制度2:采购成本控制考核办法 ·· 124

第6章　采购谈判管控 / 129

6.1　采购谈判技巧与策略 ·· 130
　　　6.1.1　主要采购谈判技巧 ·· 130
　　　6.1.2　策略:采购还价策略 ·· 133
6.2　采购谈判管理 ··· 133
　　　6.2.1　风险点1:策略选择不当 ··· 133
　　　6.2.2　风险点2:缺乏谈判经验 ··· 134
　　　6.2.3　选择:谈判策略选择 ·· 134
　　　6.2.4　经验:与不同性格的人谈判 ··· 135

第7章　采购效率与绩效管控 / 137

7.1　采购效率管控 ··· 138
　　　7.1.1　风险点:采购效率低 ·· 138
　　　7.1.2　影响因素:4大影响因素 ·· 138
　　　7.1.3　提升策略:4点提升策略 ·· 139
7.2　采购绩效管控 ··· 140
　　　7.2.1　风险点1:绩效指标设计不合理 ··· 140
　　　7.2.2　风险点2:绩效考核标准不规范 ··· 140
　　　7.2.3　关键点:绩效指标设置 ··· 140
　　　7.2.4　工具1:采购评估指标体系 ··· 141
　　　7.2.5　工具2:采购人员目标管理卡 ·· 143
　　　7.2.6　方法1:MBO考核法 ·· 143

  7.2.7 方法2：KPI考核法 …………………………………… 146
  7.2.8 流程：采购人员绩效考核流程 ………………………… 149
  7.2.9 制度：采购人员绩效考核办法 ………………………… 150
 7.3 采购绩效改进 ……………………………………………… 152
  7.3.1 风险点：改进措施不当 ………………………………… 152
  7.3.2 关键点1：改进方法得当 ……………………………… 153
  7.3.3 关键点2：做好绩效沟通 ……………………………… 153
  7.3.4 工具1：绩效面谈记录表 ……………………………… 154
  7.3.5 工具2：采购绩效改进表 ……………………………… 155
  7.3.6 文案：采购绩效改善方案 ……………………………… 155
  7.3.7 方法1：HPT模型 ……………………………………… 157
  7.3.8 方法2：标杆超越法 …………………………………… 158
  7.3.9 流程：绩效改进管理实施流程 ………………………… 160
  7.3.10 制度：采购绩效改进管理办法 ……………………… 161

第8章 采购法务与合同管控 / 163

 8.1 合规管理 …………………………………………………… 164
  8.1.1 风险点1：制度与流程缺失 …………………………… 164
  8.1.2 风险点2：风险控制缺失 ……………………………… 164
  8.1.3 风险点3：采购需求被变相改变 ……………………… 164
  8.1.4 制度：采购合规管理制度 ……………………………… 165
  8.1.5 报告：采购审计报告 …………………………………… 167
  8.1.6 报告：采购稽核报告范本 ……………………………… 169
 8.2 合同管理 …………………………………………………… 170
  8.2.1 风险点1：合同签订风险 ……………………………… 170
  8.2.2 风险点2：合同执行风险 ……………………………… 170
  8.2.3 风险点3：合同变更风险 ……………………………… 170
  8.2.4 风险点4：合同解除风险 ……………………………… 171
  8.2.5 风险点5：合同发票条款的税收风险 ………………… 172
  8.2.6 风险点6：合同的预付款风险 ………………………… 173
  8.2.7 审查：采购合同审查要点 ……………………………… 173
  8.2.8 补签：采购合同补签管理 ……………………………… 174
  8.2.9 制度：采购合同管理制度 ……………………………… 175
  8.2.10 流程：采购合同签订审核流程 ……………………… 179
  8.2.11 流程：采购合同签订流程 …………………………… 180

8.2.12　流程:采购合同变更流程 …………………………………… 181
8.2.13　流程:采购合同补签流程 …………………………………… 182
8.2.14　流程:采购合同解除流程 …………………………………… 183
8.2.15　模板:采购合同模板1 ………………………………………… 184
8.2.16　模板:采购合同模板2 ………………………………………… 185

第1章

采购计划管控

1.1　采购需求管控

采购需求是指对采购标的物的特征描述。要实施采购就一定要认清楚采购需求，好的采购需求能够合理、客观地反映采购标的物的主要特征以及符合供应商响应的条件，满足适用原则、非歧视原则，并能够契合市场实际。

1.1.1　风险点1：需求分析

所谓"需求分析"，是指对要解决的问题进行详细的分析，弄清楚问题的要求，采购需求即是明确采购的内容、规格、要求等，在制订采购需求计划之前，需要进行采购需求分析，一般情况下，采购需求分析的风险主要包含3个方面，如图1-1所示。

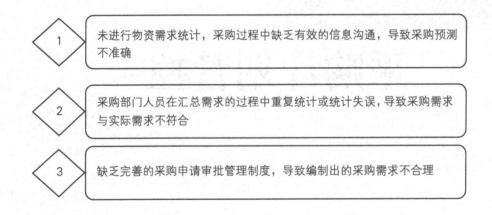

图1-1　采购需求分析风险的表现

1.1.2　风险点2：需求预测

采购需求预测即对采购物资需要的产品数量、质量、价格等信息进行估计。采购需求预测的风险一般表现在3个方面，如图1-2所示。

在需求预测时,仅考虑了产品或零件的独立需求,没有考虑由物资需求所引起的相关需求,导致需求预测的结果与企业采购的实际需求有偏差

 在需求预测的过程中,没有采用合适的科学方法,导致估算结果与实际需求之间存在较大的偏差

 采购需求预测之前,未对现有的库存信息进行核实,导致预测失误

图1-2 采购需求预测风险的表现

1.1.3 工具1：分析工具

1.1.3.1 物资需求汇总表

物资需求汇总表如表1-1所示。

表1-1 物资需求汇总表

编号：　　　　　　　　　　　　　　　　　　　　　　　　填表日期：　年　月　日

序号	需求部门	物资名称	规格型号	单位	数量	单价	需求金额	采购日期	备注
1									
2									
3									

审批人：　　　　　　　　　审核人：　　　　　　　　　制表人：

1.1.3.2 物资需求分析表

物资需求分析表如表1-2所示。

表1-2 物资需求分析表

填表人：　　　　　　　　　　　　　　　　　　　　　　　　填表日期：　年　月　日

供应商名称		订单号		交货期	
产品名称		型号		数量	
物资使用日期					

续表

分析项目 \ 物资名称	A	B	C	D	E	F	…
物资需求分析							
物资需求部门							
部门用量							
利用率(%)							
备用率(%)							
标准用量							
库存数量							
申购数量							
预计到货日							
实际到货日							
备注	备用率是依据物资特点及以往使用情况确定的一个概数						

1.1.4　工具2：调研问卷

下面是某公司内部采购需求调研问卷。

文案名称	××公司内部采购需求调研问卷	编制部门	
		版本	

非常感谢您抽出宝贵的时间阅读和填写如下调研问卷，本问卷的目的是为了了解公司内的采购需求现状，以便为公司下一步采购计划的制订提供依据。
一、基本情况
姓名：____性别：____职位：____所在部门：____
二、问卷填写日期
____年____月____日
三、填写说明
请根据公司实际情况认真填写下面的问题，选择题为单/多选题，文字题请具体说明。
1. 您认为在分析采购需求时的要点一般有哪些。(　　)
A. 统计物资需求　　　　　　　　　　B. 采购需求预测
C. 编制需求计划　　　　　　　　　　D. 需求对比分析
E. 全部
2. 您所在部门的物资需求一般包括哪些内容，各自所占的比重有多大？(　　)
A. 物料需求____%　　　　　　　　　B. 设备需求____%
C. 办公用品需求____%　　　　　　　D. 全部
3. 对于采购工作的特点，哪几项更贴近你所在的部门？(　　)
A. 具有研发型的采购特点　　　　　　B. 多以外协采购为主
C. 采购品种多，批量小　　　　　　　D. 采购计划性强，有稳定的需求计划
E. 采购随项目或市场频繁，由需求部门驱动　　F. 全部
4. 您认为在采购时需考虑的因素有哪些？(可多选)(　　)
A. 价格　　　B. 质量　　　C. 品牌知名度　　　D. 其他_____
5. 您对采购需求的确定有何建议？请具体说明。

1.1.5 工具3：预测方法

采购需求预测的方法，依照主客观因素所起的作用分类，可以将它分为定性预测方法和定量预测方法。

1.1.5.1 定性预测方法

定性预测方法也称判断分析法。主要是利用市场调查得到的各种信息，根据预测者个人的知识、经验和主观判断，对市场的未来发展趋势做出估计和判断。

这种方法的优点是时间短，费用省，简单易行，能综合多种因素。缺点是主观随意性较大，预测结果不够准确。

常用的定性预测方法有德菲尔法、经验判断法、专家会议法、市场调查法、消费水平预测法等，下面就前2种方法进行详细介绍。

(1) 德菲尔法

德菲尔法即将提出的问题和必要的背景材料，告知有经验的专家，并让他们提出意见，然后把他们答复的意见进行综合，再反馈给他们，如此反复多次，直到找到认为合适的意见为止。

a. 特征

采用德菲尔法进行采购需求预测，这一方法具有一些特征，特征介绍见图1-3。

> 1. 吸收专家参与预测，充分利用专家的经验和学识
> 2. 采用匿名或背靠背的方式，能使每一位专家独立自主地作出自己的判断
> 3. 预测过程几轮反馈，使专家的意见逐渐趋同

图1-3 特征介绍

b. 示例

某商场经销商选取若干代表组成专家小组，要求他们对某物料的最低采购量、最可能的采购量、最高采购量各自进行预估并说明理由；然后将他们的意见收集起来返回给各位专家，要求他们重新预测，前三轮专家大多数都修改了意见，四轮之后，所有专家基本不用修改意见了。最终达成一致意见。

(2) 经验判断法

经验判断法是指公司根据采购人员对其负责区域内的购买量或顾客未来需求量的估计进行综合预测的一种方法。表1-3是一则示例。

表 1-3　经验判断法运用示例　　　　　　　　　　单位：个

采购员	预测类别	数额	概率	预估额度
甲	最高采购量	1000	0.2	200
	最可能的采购量	800	0.5	400
	最低采购量	500	0.3	150
	期望值	750		
乙	最高采购量	1000	0.3	300
	最可能的采购量	600	0.5	300
	最低采购量	450	0.2	90
	期望值	690		

如果企业对这两位采购人员意见的信赖程度是一样的，则平均预测值为

(750＋690)÷2＝720（个）

1.1.5.2　定量预测方法

定量预测方法是根据已掌握的比较完备的历史统计数据，运用一定的数学方法进行科学的加工整理，借以揭示有关变量之间的规律性联系，用于预测和推测未来发展变化情况的一类预测方法。其主要特点是利用统计资料和数学模型来进行预测。

常见方法主要包括时间序列预测法、季节性预测法等。

(1) 时间序列预测法

时间序列预测法是一种统计分析方法，根据一定时间的数据序列预测未来发展趋势的方法。采用这一方式进行采购需求预测，需符合一个假设的前提，假设前提见图 1-4。

---

1. 假定某因素发展变化的规律、趋势、速度与该因素以后的发展变化规律、趋势和速度大体相似。

2. 假定市场的发展变化是一种渐进式而非跳跃式的变化。

图 1-4　假设前提

时间序列预测法的主要类型包括简单移动平均法、加权移动平均法、指数平滑法等。

a. 简单移动平均法

简单移动平均法即将过去各个时期的实际数据进行算术平均,以其平均数作为下一时期的预测值。

例如:某商场今年前3个月的配送次数分别是11、10、12次,需要预估第4个月的配送次数,可以用前3个月的数据进行平均求得。

我们可以看出这是一个比价稳定的变化数列,大致围绕11上下波动,因此可以用简单移动平均法。

b. 加权移动平均法

加权移动平均法是建立在n时段的权重移动平均上,其计算公式如下:

$$F_t = W_1 \times D_1 + W_2 \times D_2 + W_3 \times D_3 + \cdots + W_i \times D_i$$

例如:某百货公司进行采购,以4个月为计算期,公司为其设置的权数为0.1、0.2、0.3、0.4,前3个月的需求量分别是12、20、25个,那么第4个月的需求量预计为 $(12 \times 0.1 + 20 \times 0.2 + 25 \times 0.3) \div 0.4 = 31.75$(个)。

c. 指数平滑法

指数平滑法是一种复杂的权重移动平均预测,下一期的需求预测是由本期的实际需求加上一个调整的数值得来的,调整的数值就是本期的实际需求与预测数据的差值乘以一个系数。

方法原理:指数平滑法实际上也是加权移动平均法的一种。它的基本方法原理就是将下一期的预测值 Y_{t+1} 看作等于上一期实际值 X_t 的 a 倍加上上一期预测值 Y_t 的 $(1-a)$ 倍之和。

$$Y_{t+1} = Y_t + a(X_t - Y_t) = aX_t + (1-a)Y_t \tag{1-1}$$

式中,Y_{t+1} 为时段 $t+1$ 的预测;Y_t 为时段 t 的预测;X_t 为在时段 t 的实际需求;a 为移动系数 $(0 \leq a \leq 1)$。

在运用指数平滑法进行采购需求预测时,会用到3个数据,所需的数据见图1-5。

图1-5 所需的数据

例如:某企业第2季度的预测需求为1500个,而实际需求为1650个,平滑系

数 $a=0.2$。应用该方法预测出第 3 期的结果。

$$Y_3 = 1500 + 0.2 \times (1650 - 1500) = 1530（个）$$

（2）季节性预测法

季节性预测法即将历史数据综合到一起，并计算出不同季节或时段的周期变化趋势，即每一时段的预测量占整个周期的权重。然后利用这个权数进行季节预测。

该方法又可分为 2 种计算模式：其一是无趋势变动的季节模型——季节水平模型；其二是有趋势变动的季节模型。下面以第一种模式为例进行介绍。

季节水平模型为：

$$y_t = y s_t \qquad (1-2)$$

式中，y 为时间序列的平均水平；s_t 为季节指数。

下面结合一则示例进行讲解。

某公司 2015～2017 年的部分采购数据见表 1-4，预测 2018 年各季度的采购量。

表 1-4 某公司 2015～2017 年的部分采购数据　　单位：万吨

季度 年份	1 季度	2 季度	3 季度	4 季度	全年季度平均
2015	10	12	13	14	12.25
2016	11	13	14	16	13.5
2017	12	14	15	18	14.75
各季度平均	11	13	14	16	13.5
季节指数	81%	96%	104%	119%	季节指数之和为 400%

关于 y 的确定方法如下所述。

如果以预测期前一年季度平均水平作为 y，如 14.75，那么 2018 年各季度的销售值预测为：

$$y_1 = 14.75 \times 81\% \approx 11.95（万吨）$$
$$y_2 = 14.75 \times 96\% \approx 14.16（万吨）$$
$$y_3 = 14.75 \times 104\% \approx 15.34（万吨）$$
$$y_4 = 14.75 \times 119\% \approx 17.55（万吨）$$

1.1.6　文案：调研报告

下面是某公司内部的采购需求调研报告。

文案名称	××公司内部的采购需求调研报告	编制部门	
		版本	

一、调研背景

为了对公司内部采购计划的制订提供参考依据，为后期采购预算和供应商管理提供依据，特于____年____月____日对各部门的采购需求进行调研，并于____年____月____日全面完成调研任务。

二、调研对象

为了保证调查数据具备参考性和调查结果具备可执行性，本次采购需求调研主要选择公司内部有采购需求的部门为调研的对象。

三、调研方式与渠道

本次调查主要采用以下几种渠道相结合的方式实施。

（一）开展问卷调查

（二）开展访谈调研

（三）开展会议调研

四、调查结果说明与分析

（一）采购需求调查情况说明

1. 采购样本的种类、类型说明。

（1）行政部办公用品需求占____%。

（2）制造部采购物料需求占____%，设备需求占____%。

2. 采购样本的特点说明。

对于采购样本的特点，____%的员工认为采购品种多，批量小；____%的员工认为采购计划性强，有稳定的需求计划；____%的员工认为采购结合项目或市场变化，由需求部门驱动。

3. 采购样本的供应商说明。

对于采购样本的供应商分类，____%的员工认为应该按采购类别分类；____%的员工认为应该按重要度分类；____%的员工认为应该按供货速度和质量分类，____%的员工认为上述分类方法都可采纳。

（二）采购需求情况说明

根据采购需求调查统计的结果，调查人员将调查的采购需求进行统计，计算出他们对物资需求的采购数据。即总的物料需求占____%，总的设备需求占____%，总的办公用品需求占____%等。

（三）整体情况分析

各部门的物资总需求较上一年增长____%。纵观最近几年的采购需求调查统计的结果，整体需求呈稳步增长趋势。

五、调查结果应用

通过本次采购需求调查结果与公司目前的采购需求情况进行对比，本公司应从如下两方面改进采购需求管理工作。

1. 在采购过程中必须制订采购需求计划，运用定量定性相结合的方法对采购价格进行预测，达到降低企业成本的目的。

2. 根据公司的经营状况适时调整采购需求计划，做到与时俱进，因时而变。

1.1.7 流程：需求预测流程

需求预测流程如图1-6所示。

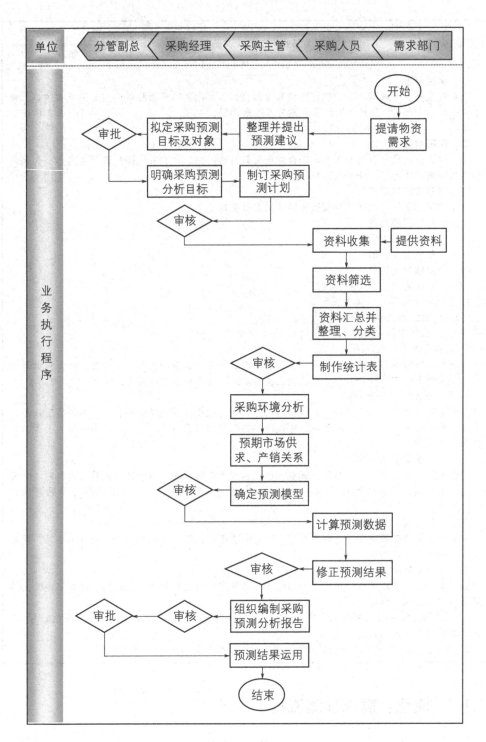

图 1-6 需求预测流程

1.2 采购库存管控

1.2.1 风险点1：库存量

一般情况下，企业通过采购、外协等方式取得的原材料或辅助材料构成了采购库存，这些库存是企业开展生产经营活动的物资基础。

如果采购计划制订不合理，就会导致采购库存过高或过低，形成一系列问题。

1.2.1.1 采购库存过高风险

采购库存过高风险的表现如图1-7所示。

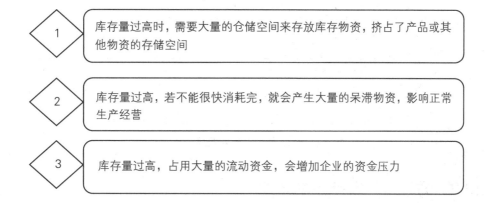

图1-7 采购库存过高风险的表现

1.2.1.2 采购库存过低风险

如果采购过程中计划采购量低于实际需求，就会产生库存过低的风险，一般情况下，采购库存过低风险的表现如图1-8所示。

1.2.2 风险点2：周转率

如果采购库存计划没有做好，或者库存管理不善，就会导致企业库存周转较慢。一般情况下，库存周转较慢风险的表现如图1-9所示。

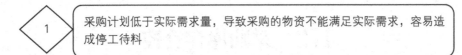

图 1-8　采购库存过低风险的表现

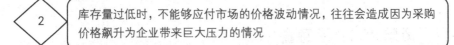

图 1-9　库存周转较慢导致风险的表现

1.2.3　方法1：库存控制方法

1.2.3.1　JIT库存控制方法

JIT库存控制方法是指在准时制生产制造系统下，要求JIT库存达到最小甚至为零的一种库存控制方法。企业实行JIT库存控制方法可以消灭库存环节的一切浪费，从而达到控制库存成本的目的。

企业实施JIT控制库存这一做法具有信息化程度高、需要强大的信息系统的支持、信息高度共享性的特点，如图1-10所示。

(1) JIT库存控制法的运行方式

JIT库存控制在生产制造型企业是在拉动式生产运行系统下进行的。所谓拉动式生产方式是指由后续生产环节发出物料要求，前面环节根据后面环节的要求制订生产和供应计划，当一个运作环节完成了手头的工作，就会向上一个环节发出信

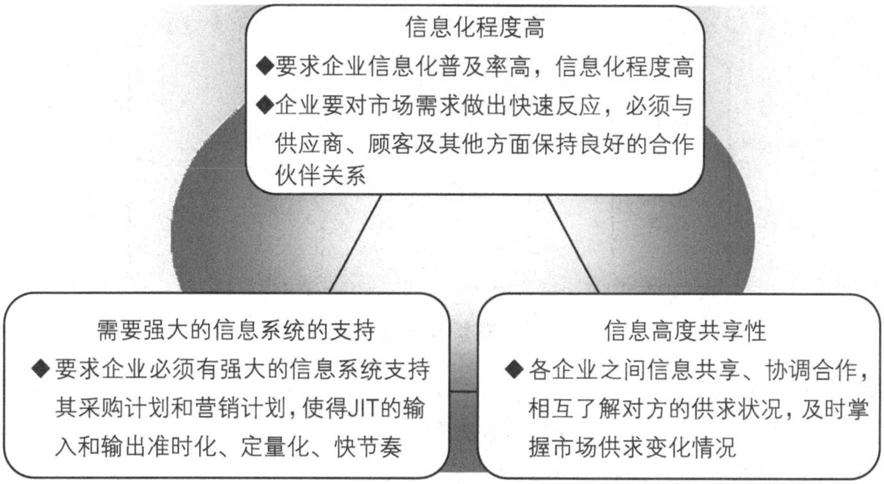

信息化程度高
◆要求企业信息化普及率高,信息化程度高
◆企业要对市场需求做出快速反应,必须与供应商、顾客及其他方面保持良好的合作伙伴关系

需要强大的信息系统的支持
◆要求企业必须有强大的信息系统支持其采购计划和营销计划,使得JIT的输入和输出准时化、定量化、快节奏

信息高度共享性
◆各企业之间信息共享、协调合作,相互了解对方的供求状况,及时掌握市场供求变化情况

图 1-10　实施 JIT 库存控制的特点

息,要求供应新的物料。

(2) JIT 库存法的关键实施要素

企业要成功实施 JIT 库存控制,需满足如表 1-5 所示的四个关键实施要素。

表 1-5　关键实施要素

因素	说明
与供应商建立长期可靠的伙伴关系	◆适时制管理方法要求与供应商建立长期可靠的合作伙伴关系,要求供应商在需要的时间里提供需要数量的物资; ◆企业必须选择少数优秀的供应商,并与他们建立长期可靠的合作伙伴关系,分享信息情报,共同协作解决问题
实施看板管理系统	◆看板管理系统是 JIT 生产现场控制技术的核心,是 JIT 生产方式用于实施生产的一种有效方法; ◆看板管理系统通过最终产品的需求,逐级向上一道工序发出各级零部件在制品需求型号,以保证这些零部件在下一道工序需求之前按时到达
实施全面质量管理	◆企业需建立全面的质量保证体系,从根本上保证产品的质量
保证全员素质	◆按照 JIT 生产方式的要求,企业需保证员工在下一道工序需要时,能准确及时地提供合乎质量要求的产品

1.2.3.2　定量订购管理法

定量订购管理法是通过预先确定一个订货点和订货批量(一般以经济批量 EOQ 为标准),之后严密监督库存变化,当库存量下降到规定的订货点时立即提出订货,以达到控制库存目的的方法。

(1) 运作流程

定量订购管理方法的运作流程如图 1-11 所示。

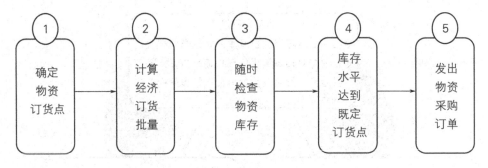

图 1-11　定量订购管理方法的运作流程

(2) 订货量计算方法

定量订购方法，采用经济订货批量法确定订购数量，企业通过运用该方法能够使物资订货总成本最小。在该方法的简化运用模型中，可不设安全库存，无论时间如何变化，年需求（D）、提前期（L）、价格（C）、每次订货成本（S）、单位商品年保管成本（H）都是常数，订货量（Q）设定为经济订货批量（EOQ），具体计算步骤如下所示。

a. 年库存总成本

年库存总成本由年购置成本、年订货成本以及年保管成本构成，具体计算公式如下：

年库存总成本＝年购置成本＋年订货成本＋年保管成本

即：$$TC = DC + \frac{DS}{Q} + \frac{QH}{2}$$

b. 经济订货批量（EOQ）

Q 的最小值 Q_{opt} 可称为经济订货批量（EOQ），是使订货成本与保管成本相等的值，其计算公式如下：

$$Q_{opt} = EOQ = \sqrt{\frac{2DS}{H}}$$

c. 订货点

订货点的确定主要取决于年需求和提前期两个因素，不设安全库存情况下，订货点计算公式如下：

$$R = L \times \frac{D}{365}$$

1.2.4　方法 2：周转率计算方法

企业为了保证生产和销售的连续性、均衡性，需要保有一定的库存，但如何在保证生产和销售的连续性、均衡性的前提下确定一个合理的、经济的库存量，是库存管理中的一个重要问题。

如何衡量企业的库存水平是否合理？最重要的指标就是**库存周转率**（Inventory Turn Over，ITO）。

库存周转率是指在某一时间段内库存货物周转的次数。它是反映库存周转快慢程度的指标。周转率越大表明销售情况越好，在物料保质期及资金允许的条件下，可以适当增加其库存控制目标天数；反之，则可以适当减少其库存控制目标天数，以保证合理的库存。

1.2.4.1 计算方法

最常见的计算库存周转的方法，就是把年度销售产品的成本（不计销售的开支以及管理成本）作为分子，除以年度平均库存价值。即库存周转率＝年度销售产品的成本/年度平均库存价值。

除了上述方法外，计算库存周转率还有如下方法。

库存周转率＝(使用数量/库存数量)×100％

存货周转率＝销售成本/平均存货价值

存货周转天数＝360/存货周转率

下面是以月为单位的月平均库存周转率的计算公式。

原材料库存周转率＝月内出库的原材料总成本/月内原材料平均库存价值

在制库存周转率＝月内入库的成品物料成本/月内平均在制库存价值

成品库存周转率＝月销售物料成本/月内成品在库平均库存价值

1.2.4.2 如何提高库存周转率

提高库存周转率，其关键之处在于降低库存周转天数，依据上面的公式可以看出主要有以下几个关键点。

① 降低每月的库存金额，包括期末库存金额和期初库存金额。

② 采购前制订相应的销售计划，加快每个单品库存单位的周转次数。

③ 根据每月销售情况，制定相应的采购报表，决定相应商品的停购、少购或增购数量。

④ 对于存放过久的滞销商品可采取打折销售的方式处理，若商品已过保质期，应及时进行清理。

⑤ 积极引进新产品，淘汰旧产品。

⑥ 可采用少量多次的原则采购产品，以提高库存周转率。

1.3 采购计划

1.3.1 风险点1：订货周期

订购周期不合理，容易造成缺货或库存积压，造成缺货成本或库存成本较高。主要的风险表现如图1-12所示。

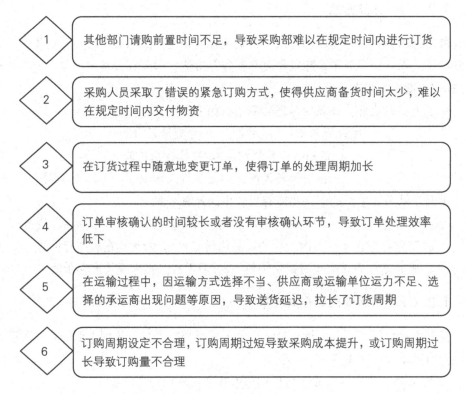

1. 其他部门请购前置时间不足，导致采购部难以在规定时间内进行订货
2. 采购人员采取了错误的紧急订购方式，使得供应商备货时间太少，难以在规定时间内交付物资
3. 在订货过程中随意地变更订单，使得订单的处理周期加长
4. 订单审核确认的时间较长或者没有审核确认环节，导致订单处理效率低下
5. 在运输过程中，因运输方式选择不当、供应商或运输单位运力不足、选择的承运商出现问题等原因，导致送货延迟，拉长了订货周期
6. 订购周期设定不合理，订购周期过短导致采购成本提升，或订购周期过长导致订购量不合理

图1-12 主要的风险表现

1.3.2 风险点2：安全周期

安全周期是指企业在进行采购过程中，确保企业库存量和维护正常生产的最短时间。未遵循安全周期的要求进行采购，会对企业的正常生产经营活动造成影响，安全周期的风险表现如图1-13所示。

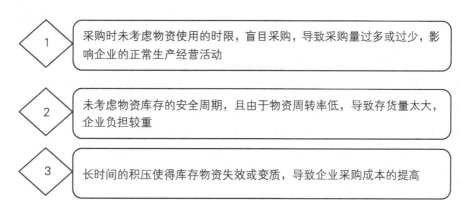

图 1-13　安全周期的风险表现

1.3.3　风险点 3：申报、备案、审批

采购计划的申报、备案、审批不合理是导致采购计划不合理的原因之一。一般情况下，采购计划申报、备案、审批不合理的表现主要有 3 个方面，申报、备案、审批中的风险表现如图 1-14 所示。

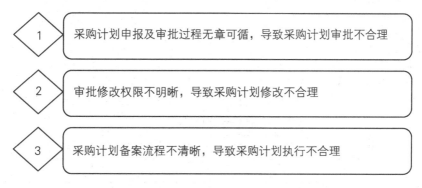

图 1-14　申报、备案、审批中的风险表现

1.3.4　文案：采购计划书

下面是某公司工程项目材料采购计划书。

文案名称	××公司工程项目材料采购计划书	编制部门	
		版本	
一、目的 　　为确保公司的相关人员能够制订科学、合理的工程项目材料采购计划，确保所购材料能够满足工程项目各个阶段需求，降低采购的成本与费用，特制定本方案。			

续表

二、采购计划编制人员
1. 公司项目部的采购部经理负责组织、指导采购人员编制采购计划。
2. 公司项目部经理负责监督、审批采购计划,采购招标管理小组负责相关招标采购工作。

三、编制材料采购计划
(一) 材料采购计划的编制依据
1. 采购范围说明,包括项目设计说明书、项目执行说明书、项目功能说明书。
2. 需购材料说明。
3. 采购所需资源。
4. 需购材料的市场状况。
5. 相关的计划结果。
6. 采购时的制约条件与基本假设。

(二) 材料采购计划的编制程序
1. 收集需购材料信息。
2. 分析需购材料的库存及采购数量。
3. 确定采购方式。
4. 预测采购成本与费用。
5. 编制正式的采购计划并报审。

(三) 编制材料采购计划
材料采购计划必须包括以下内容。
1. 确定采购需求。
2. 预测采购风险。
3. 选择采购方式与合同类型。
4. 形成采购计划文件。

四、编制材料采购预算
根据材料采购计划,采购部预算人员负责编制材料采购预算,材料采购预算表如下表所示。

材料采购预算表

材料类别	材料名称	采购数量	单价	采购周期	材料成本	人工成本	总成本
总计	材料总预算		人工总预算		材料采购总预算		

五、采购计划文件管理
工程项目材料采购计划文件由材料采购计划表、材料采购工作计划表、材料采购说明表及采购工作文件组成。

(一) 材料采购计划表
材料采购计划表如下表所示。

续表

材料采购计划表

编号：　　　　　　　　　　　　　　　　　　　　　　　　　日期：　年　月　日

材料名称	规格	经济定量	项目使用阶段	采购方式	交货期	采购等级	责任人

（二）材料采购工作计划表

材料采购工作计划表如下表所示。

材料采购工作计划表

采购阶段	实施项目	开始时间	结束时间	责任人	备注
采购准备阶段	收集需购资料信息				
	确定采购需求				
	确定需购材料并分类				
	选择供应商				
	执行招标计划				
采购实施阶段	向供应商询价并确定价格				
	进行采购招标				
	与供应商签订采购合同				
	执行采购合同				
物料验收阶段	验收采购物料				
	完成采购扫尾工作				

续表

（三）材料采购说明表

材料采购说明表如下表所示。

材料采购说明表

材料类别	包含内容				关键指标	预算总额
	编号	名称	数量	单价		
					1.	
					2.	
					3.	
					1.	
					2.	
					3.	
总预算金额						

（四）采购工作文件

采购工作文件包括招标书、询价单、谈判邀请书、初步合作意见书、供应商调查表等。此类文书可参考公司的相关资料，使用时注意不得随意修改已有格式。

1.3.5 制度：采购申请审批制度

下面是采购申请审批制度。

制度名称	采购申请审批制度	编号	
		版本	

第1章 总则

第1条 目的。

为了规范采购申请审批过程，确保采购物资符合公司需求和相关规范，并为采购过程中各项申请和审批工作提供指引，特制定本制度。

第2条 适用范围。

本制度适用于公司采购作业的申请和审批过程。

第2章 物资请购与审批

第3条 各部门应根据日常经营活动需要，编制采购申请单，提出采购申请并提交采购部。

第4条 采购申请单要说明请购的品名、数量、需求的日期、预算金额等内容。

续表

第 5 条 采购部应对各部门提交的采购申请单进行初步审核,审核过程中应主要分析请购需求是否和实际需求相符,并以企业采购审核管理程序和日常经营活动的需要为依据。

第 3 章 采购申请与审批

第 6 条 汇总采购需求。

1. 采购部应及时汇总各部门的需求情况,并编制采购需求汇总表。

2. 采购需求汇总表编制完成后,应仔细核查是否存在缺漏。

第 7 条 库存调查。

采购需求汇总完毕后,采购人员应对现有库存进行核查,了解现有库存的实际情况。

第 8 条 编制采购申请。

1. 采购计划主管、采购专员应根据物资库存数量、安全存量等,计算出实际需求数量,并编制采购工作计划表及采购申请表。

2. 采购申请表应报采购总监、总经理审批。

3. 一般的替代品物资采购申请由所需采购物资部门经理审批,重要物资或关键物资的替代品采购申请由总经理审批,若采购物资涉及技术方面的问题,应有相关技术人员的参与。

第 9 条 采购预算制定及审批。

1. 采购申请通过审批后,采购部需及时制定采购预算,经采购总监、财务部、总经理审批。

2. 采购预算通过审批后,应据此编制采购计划,并实施采购工作。

第 4 章 采购实施及过程事项审批

第 10 条 供应商开发。

1. 采购预算通过审批后,采购部应及时寻找供应商。

2. 如果现有合作供应商中没有能供应此种物资的,应及时开发新供应商。

第 11 条 供应商选择及审批。

1. 采购部需从已有供发商和新开发的供应商中选择合适的供货商。

2. 选择好供应商后,应及时报采购总监的审批。

第 12 条 采购替代品申请及审批。

1. 如果所需物资已找到合适的供应商,则应及时安排采购工作,确保物资及时交付。

2. 如果所需物资因缺断货等其他原因暂时不能采购,就需要请购部门寻找合适的替代品。

3. 请购部门若同意使用替代品,则应向采购部重新提交采购申请。

4. 请购部门若坚持采购原物品,则应终止本次采购工作。

第 5 章 附则

第 13 条 本制度由采购部制定,经采购总监审核后通过。

第 14 条 本制度自颁布之日起实施。

编制日期		审核日期		批准日期	
修改标记		修改处数		修改日期	

1.3.6 流程:采购计划编制流程

采购计划编制流程如图 1-15 所示。

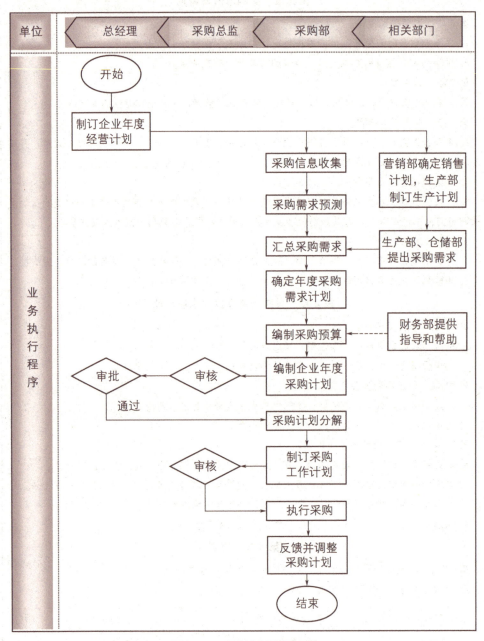

图 1-15 采购计划编制流程

第 2 章

采购预算管控

2.1 采购要懂得的财务知识

作为一名采购员,除了掌握一些专业的采购知识,还需了解一些财务知识。

2.1.1 成本知识

在采购过程中,一方面通过采购获取了企业所需的资源,保证了企业再生产的顺利进行,可以看作是为企业带来的效益;另一方面,在采购过程中会产生各种费用,这就是采购成本。

采购成本在企业总成本中占有较大的比重,是企业成本控制的重要环节。而要做好采购成本的管控工作,需事先对采购成本的构成有所了解。

狭义的采购成本包括在采购过程中发生的订购成本(包括取得商品、物料的费用,订购业务费用等),以及因采购而带来的库存维持成本和采购不及时带来的缺料成本。采购成本的构成见表2-1。

表 2-1 采购成本的构成

构成	内容说明
订购成本	订购成本是为了实现采购活动,而与供应商达成采购契约并向其发出订单过程中发生的各项费用
维持成本	维持成本是指为保有商品和物料而发生的成本,可以分为固定成本和变动成本。前者如仓库折旧、仓管人员的工资等;后者如商品、物料的资金占用成本(应计利息)破损和变质损失、保险费用和税金等
缺货(料)成本	缺货(料)成本是指因供应中断而造成的损失,如待产、停工、延迟发货、丧失销售机会和失去客户等的损失

2.1.2 税务知识

采购人员除需要了解供应商能够开具何种发票、所在企业需要什么样的税务票据外,还需知晓不同税率的发票对采购成本的影响。下面介绍2类重要的税种,见表2-2。

2.1.3 三大报表

在财务工作中经常会用到"三大报表",即资产负债表、利润表和现金流量表。

专业的采购人员应学会看"财务三大报表"。

表 2-2 采购管理中涉及的部分税种

税种	介绍	税率
增值税	增值税是指对从事销售货物或者加工、修理修配劳务以及进口货物的单位和个人取得的增值额为计税依据征收的一种流转税	一般纳税人三档税率分别为13%、9%、6%
印花税	印花税实行由纳税人根据规定自行计算应纳税额,购买并一次性贴足印花税票的缴纳办法	依据采购合同,按购销金额的0.03%缴纳

2.1.3.1 资产负债表

资产负债表体现的是企业在某一时间点的资产和负债的情况。简而言之,资产负债表可以帮助企业了解其掌握的资产、负债和当下所拥有的权益情况。

2.1.3.2 利润表

企业经营的目标之一是追求利润。采购人员每天都在处理订单、忙于采购等,一段时间下来,效益如何,可以从"利润表"中清晰地看出。

可以这样理解,利润表是记录企业一段时期内的收入、支出和利润情况的报表。

2.1.3.3 现金流量表

现金流量表是反应一定时期内(如月度、季度或年度)企业经营活动、投资活动和筹资活动对其现金及现金等价物所产生影响的财务报表。

通过分析企业的现金流量表,有助于评价企业支付能力、偿债能力和周转能力。

2.2 采购预算的编制

2.2.1 风险点1:预算编制风险

采购预算编制风险的表现如图2-1所示。

2.2.2 风险点2:预算审批风险

预算审批环节也是预算制定重要的环节之一,采购预算审批环节的风险如图

2-2 所示。

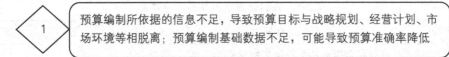

图 2-1　采购预算编制风险的表现

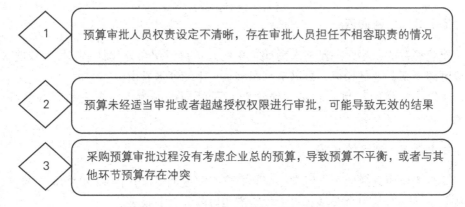

图 2-2　采购预算审批环节的风险

2.2.3　因素：采购预算编制的影响因素

采购预算编制的影响因素主要有 7 个，如图 2-3 所示。

2.2.4　问题：采购预算编制的常见问题

预算编制是企业确定并分配资金的过程，是全面预算管理的重要环节。如果预算编制不严谨、不合理，将直接对后期的项目评审、供应商筛选及采购绩效评价等工作造成严重影响。可见，做好企业采购预算编制非常重要。那么，在实践中企业采购预算编制工作存在哪些问题呢？采购预算编制存在的问题如表 2-3 所示。

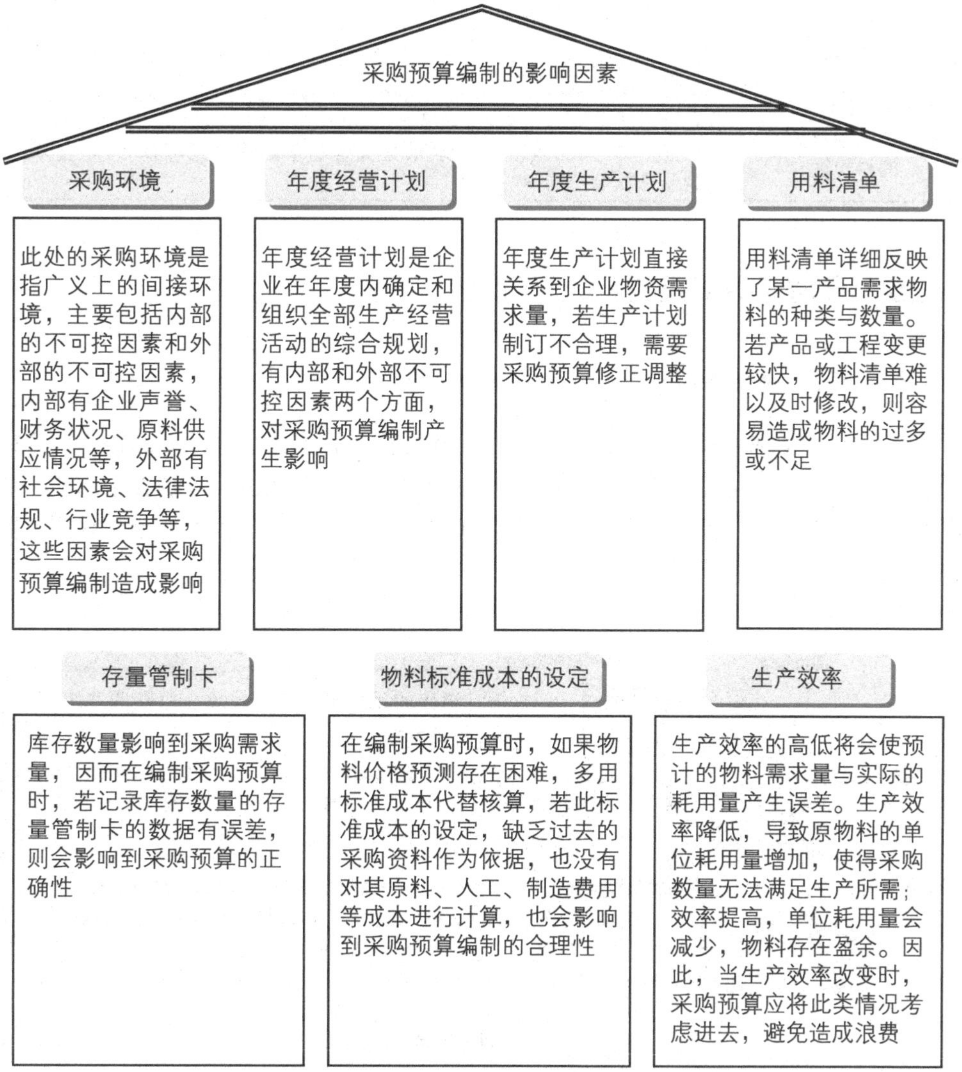

采购预算编制的影响因素

采购环境
此处的采购环境是指广义上的间接环境，主要包括内部的不可控因素和外部的不可控因素，内部有企业声誉、财务状况、原料供应情况等，外部有社会环境、法律法规、行业竞争等，这些因素会对采购预算编制造成影响

年度经营计划
年度经营计划是企业在年度内确定和组织全部生产经营活动的综合规划，有内部和外部不可控因素两个方面，对采购预算编制产生影响

年度生产计划
年度生产计划直接关系到企业物资需求量，若生产计划制订不合理，需要采购预算修正调整

用料清单
用料清单详细反映了某一产品需求物料的种类与数量。若产品或工程变更较快，物料清单难以及时修改，则容易造成物料的过多或不足

存量管制卡
库存数量影响到采购需求量，因而在编制采购预算时，若记录库存数量的存量管制卡的数据有误差，则会影响到采购预算的正确性

物料标准成本的设定
在编制采购预算时，如果物料价格预测存在困难，多用标准成本代替核算，若此标准成本的设定，缺乏过去的采购资料作为依据，也没有对其原料、人工、制造费用等成本进行计算，也会影响到采购预算编制的合理性

生产效率
生产效率的高低将会使预计的物料需求量与实际的耗用量产生误差。生产效率降低，导致原物料的单位耗用量增加，使得采购数量无法满足生产所需；效率提高，单位耗用量会减少，物料存在盈余。因此，当生产效率改变时，采购预算应将此类情况考虑进去，避免造成浪费

图 2-3　采购预算编制的影响因素

表 2-3　采购预算编制存在的问题

存在问题	具体说明
及时性、准确性低	由于部分部门未明确自身责任，未及时将项目预算落实到具体项目和使用单位上，影响了预算执行进度，导致预算编制的及时性、准确性较差
确定预算时缺乏"参考值"	不少企业进行预算编制时，简单地下达一个"整数字"作为采购预算。这一方法不仅使资金浪费，还给采购分析和业绩考核的工作带来了不便
未建立科学的定额标准体系	在一些企业中，依然采用粗略计算、简单平均的方法进行预算安排，虽然操作简单，也节省了时间，但容易造成部门间分配不合理、预算编制缺乏标准、资金管理难度增加等问题

续表

存在问题	具体说明
评估指标不完善影响采购预算编制的科学性	采购不同的物资,其评估指标会有不同的侧重点。在编制采购预算时,需将这一特性考虑进来,这就需要构建一套完善的采购评估指标体系,进而据此选择合适的供应商。若缺乏健全的采购评估指标体系,则会降低采购预算编制的科学性

2.2.5 方法:采购预算编制方法

2.2.5.1 概率预算法

企业在采购预算期内,因采购部无法准确估算预算的采购量、采购价格、采购成本等项目,可通过大体估计其发生变化的概率,以判断和估算各种因素的变化趋势、范围和结果,然后进行调整,计算出期望值的大小。采购预算的编制程序如图2-4所示。

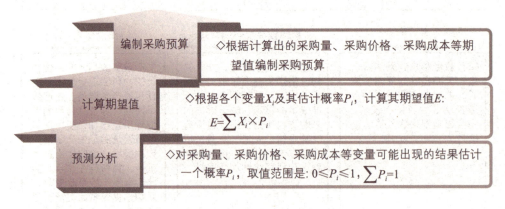

图 2-4 概率预算的编制程序

在商品流通型企业的采购工作中,一般会根据某商品的销售量、库存量计算出商品采购需求量,结合商品的采购价格,即可计算出商品的采购成本。

例如,某商品流通型企业预测其商品销售情况如下:某商品销售单价为10元,预计销售10000件,现有库存量为0;如果单价不变,则考虑到波动的可能性(概率):销售8000件的概率为0.2,销售10000件的概率为0.5,销售12000件的概率为0.3。

经采购价格调查与分析得知,该商品供应商提供的生产成本资料:单位变动成本为5元,固定成本为20000元。同时,单位变动成本5.2元的概率为0.3,5元的概率为0.5,4.8元的概率为0.2。

在固定成本不变的情况下，该商品流通型企业运用概率预算法的计算步骤如下：

销售量的期望值＝8000×0.2＋10000×0.5＋12000×0.3＝10200 件；

因该商品现有的库存量为 0，则采购量应该等于其销售量，则：采购量期望值＝销售量期望值＝10200 件；

假设供应商在该采购业务中所获利润为 0，且其他采购成本忽略不计的前提下，商品的采购价格即可等同于其生产成本，则：

单位变动成本的期望值＝5.2×0.3＋5×0.5＋4.8×0.2＝5.02 元；

单位商品生产成本＝单位变动成本＋单位固定成本＝5.02＋20000÷10200≈6.98 元；

单位商品采购价格＝单位商品生产成本＋期望获得的利润＝6.98 元；

商品的采购成本＝商品的采购价格×采购量期望值＝6.98×10200＝71196 元。

2.2.5.2 零基预算法

零基预算法是指企业编制采购预算时，不考虑以往的情况，一切以零为起点，根据未来一定时期采购需求，确定采购预算是否有支出的必要和支出数量的要求。零基预算的编制步骤如图 2-5 所示。

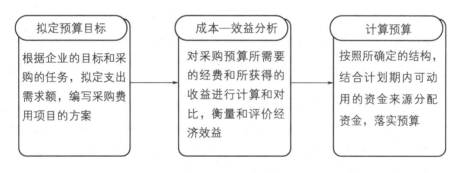

图 2-5 零基预算的编制步骤

下面是一则示例。

某企业采购部根据本企业下半年的生产目标和本部门的采购任务，经过多次调查、研究讨论，得出计划期内的基本资料：采购成本为 50000 元，采购运输费为 10000 元，保险费为 20000 元，市场调研费为 10000 元，下单跟踪等行政费用为 20000 元。

采购部通过分析，决定采用零基预算法编制采购预算。经过详细的研究，市场调研费和下单跟踪等行政费用根据以往的资料进行成本—效益分析，采购费用成本—效益分析表如表 2-4 所示。

表 2-4 采购费用成本—效益分析表

明细项目	成本金额	效益金额
市场调研费	1元	20元
下单跟踪等行政费用	1元	30元

采购人员将这五项费用按照具体性质和轻重缓急，列出其开支层次和顺序。
① 第一层为采购成本、采购运输费、保险费。
② 第二层为市场调研费。
③ 第三层为下单跟踪等行政费。

另外，采购部获知，企业在采购计划期内实际可动用的采购资金为100000元。企业应根据采购预算的开支层次和顺序分配资金。其中，必须得到资金支持的是采购成本、采购运输费和保险费，合计为80000元，剩余资金为20000元，按照成本—效益分析的比例分配给市场调研费和下单跟踪等行政费用，其额度分配的计算公式如下：

$$市场调研费 = 20000 \times \frac{20}{20+30} = 8000 元$$

$$下单跟踪行政费 = 20000 \times \frac{30}{20+30} = 12000 元$$

通过上述分配可知，在可动用资金为100000元的前提下，采购成本、采购运输费、保险费、市场调研费和下单跟踪等行政费用的预算金额分别为50000元、10000元、20000元、8000元和12000元。

2.1.5.3 滚动预算法

企业利用滚动预算法编制采购预算时，先按年度分季，并将第一季度按月划分，编制第一季度各月的详细预算数字，以便监督和控制预算的执行，至于第二～四季度的预算则可以粗略记录，只需列出各季总数。

到第一季度结束后，结合第一季度的预算完成情况，调整和修改第二季度的预算。第二季度的采购预算也按月细分，第三、第四季度以及增列的下一年度第一季度，只需列出各季的总数，以此类推，使预算不断地滚动下去，提高采购预算的准确性，保证采购项目支出的连续性和完整性。滚动预算编制示意图如图2-6所示。

2.1.5.4 弹性预算法

在采购预算编制时，考虑计划期间各种可能变动因素的影响，编制出一套适合多种业务量的预算，由于这种预算会随着业务量的变化而进行调整，具有弹性，因此这种预算编制方法称作弹性预算法。弹性预算编制步骤如图2-7所示。

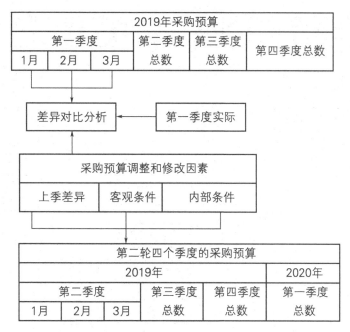

图 2-6 滚动预算编制示意图

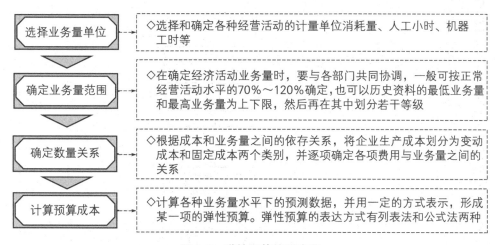

图 2-7 弹性预算编制步骤

弹性预算法的计算公式如下所示。

弹性成本费用预算＝固定成本费用预算＋单位变动成本费用率×业务量水平。

2.2.6 流程 1：采购预算编制流程

采购预算编制流程如图 2-8 所示。

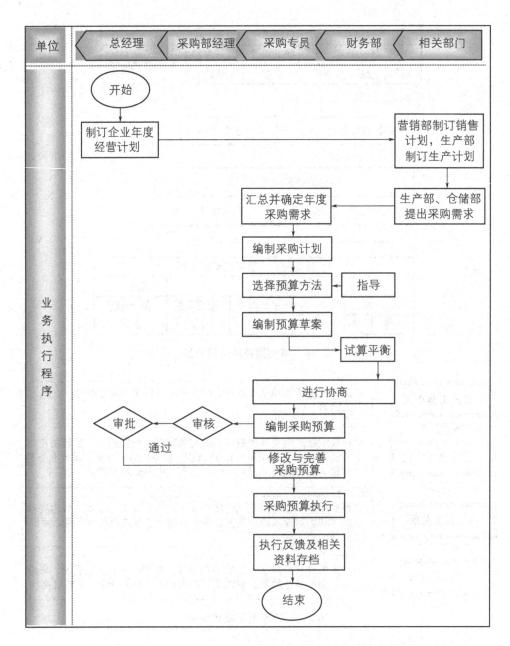

图 2-8 采购预算编制流程

2.2.7 流程 2：采购预算变更流程

采购预算变更流程如图 2-9 所示。

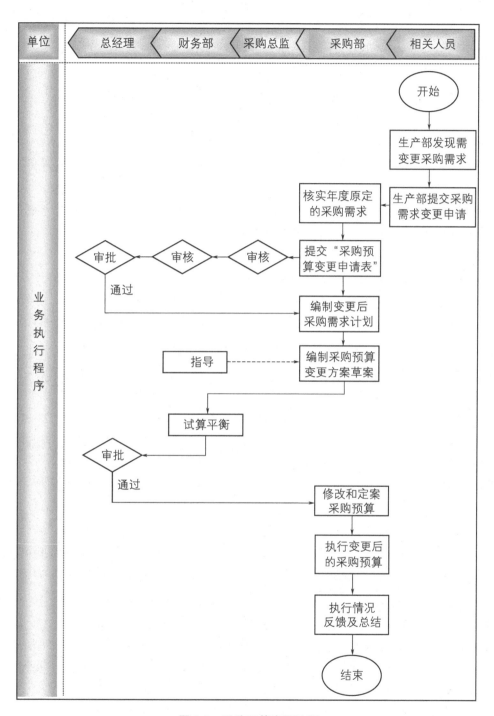

图 2-9　采购预算变更流程

第3章

采购供应商管控

3.1 供应商开发

3.1.1 风险点：频繁开发，成本过高

企业与供应商进行长期、稳定的合作，可以保证企业的采购工作顺利进行，降低物资供应风险。但企业为了获得更低的价格、更低的成本和机会，往往会不断开发新的供应商，以节约采购成本，这一行为往往会伴随着一些风险，频繁开发风险点如图 3-1 所示。

采用多家供应商进行供货，订单分散，较难同时进行生产计划，影响生产效率

在采购过程中一味地压低采购价格，没有给供应商留有适当的利润空间，影响供应商的忠诚度，致使供应商不愿与企业长期合作

在选择供应商之前，因一味追求价格，不断进行比较，无形之中增加了企业供应商开发的隐形成本

若缺乏明确的供应商考核标准，会导致在选择新的供应商时，无法进行及时有效的考核，容易导致新供应商的选择不当

图 3-1 频繁开发风险点

3.1.2 开发要点：6 大要点

3.1.2.1 市场调查

企业在开展供应商开发工作前，应对供应商市场进行调查，要明确了解如图 3-2 所示的基本内容。

3.1.2.2 编制开发计划

① 采购总监根据需求物资情况和年度采购计划要求,以及通过市场调查,确定本时期供应商的开发目标。

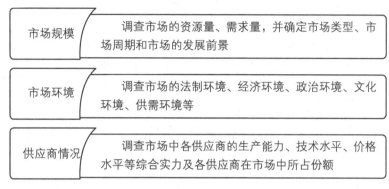

图 3-2 供应商市场调查的基本内容

② 采购部经理指导供应商主管按照开发目标,明确供应商筛选标准,制订供应商开发计划,经采购部经理审核、采购总监审批通过后,作为供应商开发工作的指导文件。

3.1.2.3 搜集供应商资料

供应商开发人员根据开发要求,通过各种渠道搜集符合要求的供应商的基本信息,并向有合作意向的供应商发送"供应商调查表",以收集供应商的具体资料。

"供应商调查表"主要包括基本信息、财务信息、采用的材料零件信息、质量验收与管理办法、采购合同信息、付款方式要求等,企业在设计"供应商调查表"时,应当注意如图 3-3 所示的五项要求。

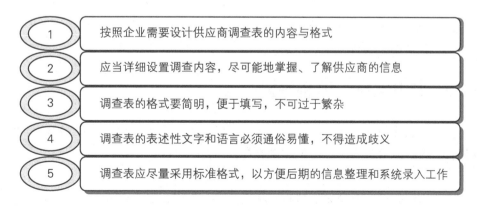

图 3-3 "供应商调查表"设计要求

3.1.2.4 供应商调查

供应商开发人员对反馈回来的供应商资料进行初步筛选,并在质量管理部、工艺技术部等部门相关人员的协助下,对供应商进行如图3-4所示的初步调查,了解供应商的全面、综合能力。

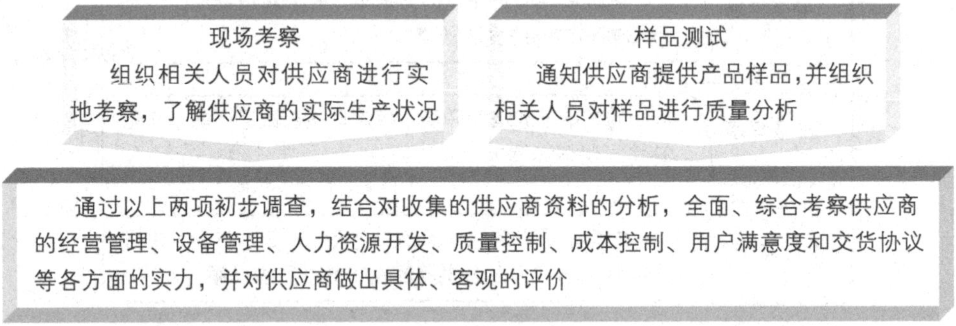

现场考察
组织相关人员对供应商进行实地考察,了解供应商的实际生产状况

样品测试
通知供应商提供产品样品,并组织相关人员对样品进行质量分析

通过以上两项初步调查,结合对收集的供应商资料的分析,全面、综合考察供应商的经营管理、设备管理、人力资源开发、质量控制、成本控制、用户满意度和交货协议等各方面的实力,并对供应商做出具体、客观的评价

图3-4 供应商初步调查

3.1.2.5 筛选合格供应商

供应商主管根据调查结果和"供应商调查表"的信息资料,进行全面比较、分析,对照供应商开发计划中的合格标准,客观、公正地筛选出合格供应商,并将筛选结果提交采购部经理审核、采购总监审批。

3.1.2.6 编写开发报告

供应商主管将审批通过的合格供应商名单,依据资料收集和初步调查的结果充实供应商信息后,进行归档整理,并更新原有的"合格供应商名录",编写供应商开发报告,对新供应商开发情况进行汇报,并分别针对优秀供应商、普通供应商、特殊供应商提供采购策略,经采购总监、采购部经理审批通过后,作为后续供应商管理工作的依据。

3.1.3 开发渠道:10种渠道

企业在供应商开发实施之前,必须先开展针对供应商的调查工作。在针对供应商调查之前,应首先明确针对供应商调查和开发的渠道,有针对性地开展供应商调查工作。

常见的供应商开发渠道包括新闻媒体、专业刊物、产品展销会等,企业应选择适合自己的供应商开发渠道,供应商开发渠道说明表如表3-1所示。

表 3-1 供应商开发渠道说明表

序号	获取信息渠道	说明
1	新闻传播媒体	◆采购人员应通过报纸、刊物、广播电台、电视、网络等新闻传播媒体先发现匹配供应商,再进一步了解供应商的信息
2	公开征询	◆企业可以通过公开招标的方式来寻找供应商,使符合资格的供应商均有参与投标的机会。这是被动地寻找供应商的方式,若最适合的供应商不主动来投标,就有可能失去公开征询的意义,故企业较为少用
3	同行介绍	◆同行的采购人员之间可以联合采购或互通有无。采购人员应广泛结交同业友人,搞好同行关系,必要时应互相提供供应商的名单
4	专业刊物	◆采购人员可从工厂统计资料、产业或相关研究报告等各种专业性的刊物或网站,获悉许多产品的供应商信息
5	行业协会	◆采购人员可以咨询拟购产品的行业公会,请其提供会员厂商名录。此外也可咨询采购专业顾问公司,特别是来源稀少或不易采购的物品,例如精密零件等
6	产品展销会	◆采购人员应参加有关行业的产品展览会,亲自收集适合的供应商资料,甚至当面洽谈
7	供应商主动联络	◆针对新开业的店铺,利用电视、报纸做全国性或区域性的招商广告,再定期举办说明会,介绍公司状况,先吸引供应商主动前来联络再慢慢选择
8	各类采购指南	◆采购商也可以从采购指南、工商名录、电话分类广告等,获得供应商的基本资料
9	产品发布会	◆供应商开发人员和采购人员可以参加供应商举办的产品发布会,在产品发布会上考察产品的质量和规格、价格等信息,了解供应商
10	其他渠道	◆采购人员可以到竞争对手店内,通过观察包装上的制造商或进口代理公司的电话联络等方式获取供应商信息

3.1.4 工具:供应商调查表

一般情况下,最常用的供应商调查工具为供应商调查表。

供应商调查表应至少包括基本信息、供应商财务信息、采用的材料零件信息、供应商质量验收与管制方法、采购合同信息、付款方式要求、售后服务信息、其他建议事项等内容。

表 3-2 是供应商调查表的示例,仅供参考。

表 3-2　供应商调查表的示例

供应商基本信息					
供应商全称				使用商标	
行业类别		业务性质		资本类型	
占地面积		厂房面积		企业负责人	
固定资产		年产值		销售额	
公司地址					

项目	调查项目内容	了解程度状况
材料零件确认	1. 您对本公司样品确认流程是否了解	□了解 □不了解 □请求当面沟通了解
	2. 您对本公司认定的材料交货依据的规格及样品是否了解	□了解 □不了解 □请求当面沟通了解
	3. 您对本公司认可的样品是否持保留意见,从而为后续品质管理提供依据	□有保留 □未保留 □请求当面沟通了解
质量验收管制	1. 您对本公司质检标准与方法是否了解	□了解 □不了解 □请求当面沟通了解
	2.	
采购合同	1. 贵公司目前的产品产量能够满足本公司的需求吗?	□可以 □不可以 □需设法弥补
	2.	
付款流程	1. 您对本公司的付款条件、手续是否了解?	□了解 □不了解 □请求当面沟通了解
	2.	
售后服务	1. 发生质量问题时,您一般主动与哪一个部门或主管进行沟通	□质量管理部 □技术部 □采购部 □总经理
	2.	
建议事项		

3.1.5　流程:供应商开发流程

供应商开发流程如图 3-5 所示。

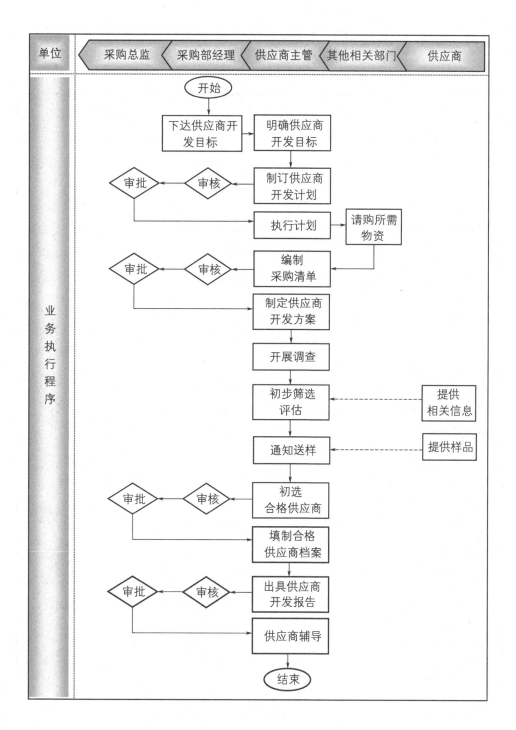

图 3-5 供应商开发流程

3.1.6 制度：供应商开发规范

下面是供应商开发规范。

制度名称	供应商开发规范	编号	
		版本	

第 1 章　总则

第 1 条　目的。
为规范供应商开发流程，使之有章可循，提高供应商的数量和质量，结合工厂的实际情况，特制定本规范。
第 2 条　适用范围。
本工厂新供应商的开发工作，除另有规定外，均依本规范执行。
第 3 条　权责。
1. 采购部是供应商开发的归口管理部门，负责供应商开发、评估等各项工作。
2. 工艺技术部、质量管理部负责供应商样品的测试与评估。
3. 采购部、质量管理部、工艺技术部、生产部等组成供应商调查小组，负责供应商的调查评核。

第 2 章　供应商资料搜集

第 4 条　工厂对新供应商信息的采集一般有以下 10 种途径。
1. 各种采购指南。
2. 新闻传播媒体，如电视、广播、报纸等。
3. 各种产品发表会。
4. 各类产品展示（销）会。
5. 行业协会。
6. 行业或政府的统计调查报告或刊物。
7. 同行或供应商介绍。
8. 公开征询。
9. 供应商主动联络。
10. 其他途径。
第 5 条　工厂通过对供应商信息的采集与分析，主要调查供应商以下 9 个方面的内容。
1. 财务能力调查。
2. 生产设施调查。
3. 生产能力调查。
4. 成本调查与分析。
5. 管理能力调查。
6. 质量体系调查。

续表

7. 态度调查。
8. 绩效评估。
9. 销售战略调查。

第6条 采购专员向供应商发出"供应商调查表",由供应商填写后收回进行分析,"供应商调查表"如下所示。

供应商调查表

公司名称	中文		
	英文		
电话		传真	
邮箱		网址	
公司地址			
工厂地址			
营业执照号码		注册资金	
年营业额		法人代表	
业务负责人		联系电话	
厂房面积		员工人数	
管理人员人数		技术人员人数	
先进管理方法			
材料来源		品管状况	
主要产品		主要客户	
备注			

第3章 供应商筛选评估

第7条 采购部在收到供应商提供的资料后,对其进行筛选评估,初步筛选应考虑的内容如下。

1. 供应商是否生产工厂所需要采购的物资。

续表

2. 供应商物资的质量水平是否接近工厂对采购物资的质量要求。

3. 供应商的生产能力、供货水平是否符合工厂的要求。

4. 供应商规模大小、财务能力等。

5. 供应商的销售策略、企业文化等。

第8条 采购部开始与初步筛选后的供应商进行接洽,详细了解供应商的实际情况,如质量、服务、交货期、价格等。

第9条 根据所采购物资对产品质量的影响程序,工厂将采购的物资分为关键、重要、普通物资3个级别,不同级别物资实行不同的控制等级。

第10条 采购部组织建立供应商评审小组,对初步筛选后的供应商进行评审,小组成员包括质量管理部、工艺技术部、生产部等相关部门人员。

第11条 对于提供关键与重要物资的供应商,在采购部与供应商协商沟通后,供应商评审小组到供应商生产工厂进行实地考察,判断其是否符合工厂的采购需求,并由采购部填写"供应商现场评审表",质量管理部、设计部签署意见,供应商现场评审的合格分数需达70分及以上。

第12条 对于普通物资的供应商,无须进行实地考察。

第13条 采购部负责与现场实地评审合格的关键、重要物资的供应商和普通物资供应商签订"供应商质量保证协议","供应商质量保证协议"一式两份,双方各执一份,作为供应商提供合格物资的一种契约。

第14条 必要时,工厂需向供应商提出样品需求,由采购部采购人员通知供应商送交样品,质量管理部相关人员需对样品提出详细的技术质量要求,如品名、规格、包装方式等。

第15条 样品应为供应商正常生产情况下的代表性产品,数量应多于两件。

第16条 样品的质检。

1. 样品在送达工厂后,由工艺技术部、质量管理部完成样品的材质、性能、尺寸、外观质量等方面的检验,并填写"样品检验确认表"。

2. 经确认合格的样品,检验人员需在样品上贴"样品"标签,并注明合格,标识检验状态。

3. 合格的样品至少为两件,一件返还供应商,作为供应商后续生产的标准,一件留在质量管理部作为今后检验的依据。

第4章 合格供应商管理

第17条 在"供应商调查表"、"供应商现场评审表"、"供应商质量保证协议"和"样品检验确认表"四份资料完成后,采购部将供应商列入"合格供应商名录",交公司总经理批准。

第18条 一种材料需选择两家或两家以上的合格供应商,以供采购时选择。

第19条 对于唯一供应商或独占市场的供应商,可直接列入"合格供应商名录"。

第20条 工厂接单生产时,如果客户指定供应商名单,采购部采购人员需按客户提供的供应商名单进行采购,如需从非客户提供的供应商处采购时,必须事先得到客户的书面批准。

续表

第 21 条 "合格供应商名录"在每次的供应商考核结果得出后进行修订，删除不合格供应商，修订后的"合格供应商名录"由总经理批准生效。

第 22 条 合格供应商的标准如下。

1. 供应商应有合法的经营许可证，应有必要的资金能力。
2. 优先选择按国家（国际）标准建立质量体系并已通过认证的供应商。
3. 对于关键物资，供应商的生产能力与质量保证体系应满足下列五个方面的要求。

（1）进料的检验是否严格。

（2）生产过程的质量保证体系是否完善。

（3）出厂的检验是否符合我方要求。

（4）生产的配套设施、生产环境、生产设备是否完好。

（5）考察供应商的历史业绩及主要客户，其产品质量应长期稳定、合格、信誉较高，主要客户最好是知名的大型企业。

4. 具有足够的生产能力，能满足连续需求及进一步扩大产量的需要。
5. 能有效处理紧急订单。
6. 有具体的售后服务措施，且令人满意。
7. 同等价格择其优，同等质量择其廉，同价同质择其近。
8. 样品通过试用且合格。

第 5 章 附则

第 23 条 本规范由公司采购部制定与解释。

第 24 条 本规范经公司总经理审批通过后自发布之日起执行。

编制日期		审核日期		批准日期	
修改标记		修改处数		修改日期	

3.2 供应商评估

3.2.1 风险点：缺乏考核、考核标准不清晰

企业在供应商管理过程中，如果没有建立完善的供应商考察评价体系，就难以准确掌握供应商的绩效情况。缺乏考核、考核标准不清晰的风险点如图 3-6 所示。

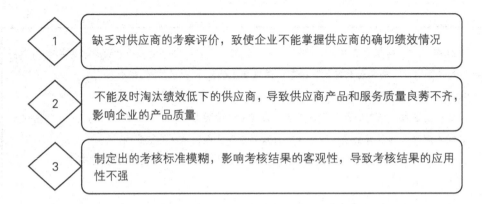

图 3-6　缺乏考核、考核标准不清晰的风险点

3.2.2　工具 1：供应商评价指标体系

对供应商做出系统全面的评价，就必须有一套完整、科学、全面的综合评价指标体系。图 3-7 是一则示例。

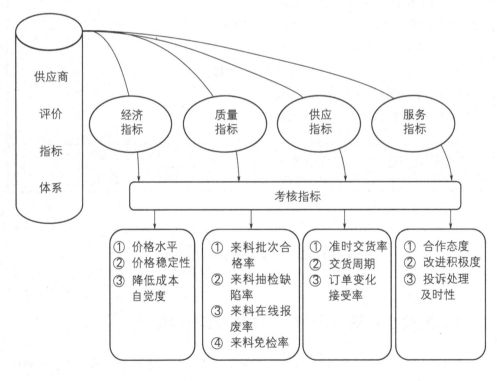

图 3-7　供应商评价指标体系

3.2.3　工具2：供应商评价表

供应商评价表如表3-3所示。

表3-3　供应商评价表

供应商名称						
联系人		电话		备注		
		传真				
提供产品名称			产品执行标准			
序号	评审内容					
1	质量体系	□通过质量体系认证　□无				
2	执行标准	□能执行标准　□无标生产				
3	生产能力	□超过历年最高销售量　□基本满足　□不满足				
4	生产方式	□流水作业成批生产　□单件生产				
5	设计能力	□自行设计复杂产品　□能设计简单产品　□不能设计				
6	提供产品质量	□优　□良　□一般				
7	服务情况	□优　□良　□一般				
8	按时交货情况	□较好　□一般　□较差				
评审意见		评审人：　　　日期：　　年　月　日				
评审结论		评审人：　　　日期：　　年　月　日				
年度复评记录	年度	是否继续列入合格供应商名录		批准		时间
	年度	是否继续列入合格供应商名录		批准		时间
	年度	是否继续列入合格供应商名录		批准		时间

3.2.4　工具3：供应商推荐表

供应商推荐表如表3-4所示。

表 3-4　供应商推荐表

供应商名称			公司地址		
联系人		电话		备注	
		传真			
企业基本情况					
与公司合作情况/主要业绩					
推荐理由					
推荐人			推荐部门意见		
监督部门意见			领导意见		
其他说明					

3.2.5　工具 4：供应商评审记录表

供应商评审记录表如表 3-5 所示。

表 3-5　供应商评审记录表

供应商名称				产品类别		
地址				供应产品名称		
序号	评审项目	评审内容	分值	得分	评审部门	
1	质量管理体系的运行情况	质量管理是否通过 ISO 9000 认证				
		管理层对质量管理是否足够重视				
		是否有明确的质量目标和持续的改进计划				
		能否在合理时间内进行质量分析				
		产品的生产是否有明确的企业标准				
		纠正措施能否有效预防缺陷的发生				
2	技术能力	加工过程中使用的原材料是否具有明确的技术标准和检测方法				
		原料的供应商是否相对稳定，原料供应商的储备是否充足				

续表

序号	评审项目	评审内容	分值	得分	评审部门
2	技术能力	是否能够掌握行业的新技术			
		有些先进的设备是否能够满足一些特殊要求的产品的制作需要			
		出厂报告能否包含相关产品的技术参数标准所含的信息			
		是否可以按照我们的要求及时提供样品			
		是否可以按照我们提供的材料及时提供报价			
		对我们的产品风险规避方面能否提供专业的意见			
		根据我们产品的要求能否提供新的、有价值的工艺建议			
		能否提供一些具有特殊性能的新材料及新颖的结构			
3	检验机构	检验机构是否独立运作			
		是否有足够独立的检验人员			
		是否有足够的检测设备			
		每一生产工艺是否都有明确的检验标准和检验负责人			
		有关质量反馈是否能触发改进行动			
		操作人员是否参与持续质量改进			
		有关检验设备是否定期由专门机构校验			
4	作业检验文件	是否有明确的原料、材料出入库检验标准			
		原料、材料、产品的出入库是否有记录			
		每一工艺或工序是否有详细的作业指导书			
		生产过程是否有详细的质量检验记录			
		相关操作人员是否有培训记录和上岗资质			
5	不合格产品	不合格品是否有明确的处理程序			
		采购或生产过程中的不合格品是否分开存放			
		采购或生产过程中的不合格品是否有处理记录			
6	生产设备及维护	设备服役年限			
		设备管理制度及其执行情况			
		设备运行状况			
		设备维护保养状况			
		设备设计制造质量			
7	生产现场管理情况	车间人员工服、违规行为以及员工精神面貌情况			
		车间现场物料摆放、标识情况,人流物流的整体情况			
		机器设备情况			

续表

序号	评审项目	评审内容	分值	得分	评审部门
7	生产现场管理情况	工作环境以及工作秩序情况			
		各种备用工具的摆放、标识以及工具清洁情况			
		生产过程有无完善控制方法以及过程控制记录			
8	仓储条件	有足够仓库储存货物			
		所有材料堆在垫板上			
		仓库储存区内留有合理的通道			
		仓库储存区内未有昆虫、鼠类			
9	供应商现场评估技术能力	管理技术人员文化水平			
		生产人员文化水平			
		样品制作达标水平			
		技术标准制作水平			
		生产设备配备先进性			
总分			100		—
等级	A( )		B( )	C( )	D( )
分数	得分≥90分（优秀）		90＞得分≥80分（合格）	80＞得分≥70分（试用）	得分＜70分（不合格）
总体评价				评审小组	

3.2.6 工具5：合格供应商名录

合格供应商名录如表3-6所示。

表3-6　合格供应商名录

序号	供应商名称	供应的产品/服务	列入日期	地址	联系人	职务	联系方式

3.2.7 流程：供应商评估流程

供应商评估流程如图 3-8 所示。

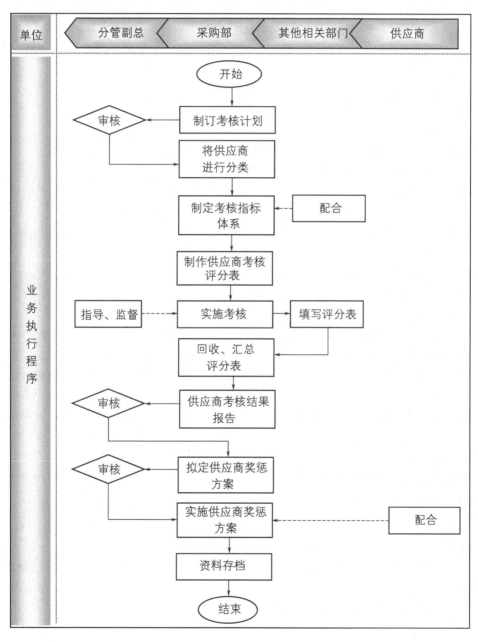

图 3-8 供应商评估流程

3.2.8 制度：供应商评估制度

下面是供应商评估制度。

制度名称	供应商评估制度	编号	
		版本	

第1章　总则

第1条　目的。

为了达到以下目的，特制定本制度。

1. 建立科学、完善的供应商考核评价体系。
2. 通过考核评价工作，激励供应商提供优质产品和服务。

第2条　适用范围。

本控制程序适用于对本公司供应商进行考核评价工作，具体包括以下工作。

1. 供应商监督。
2. 考核方案制定。
3. 考核实施、结果处理及归档等各项工作。

第3条　管理职责。

1. 采购部职责。

（1）采购部经理负责供应商考核标准与方案、供应商考核结果、供应商处理办法等决策的审批，与其他各项管理控制工作。

（2）供应商主管负责供应商监督工作的执行与下放，供应商考核指标、考核方案的制定与上报，评价与评分工作的执行，考核结果的审核与上报等各项工作。

（3）供应商管理专员负责日常采购过程中供应商的监督，各项资料的汇总与归档；协助供应商主管制定考核方案考核供应商，进行考核结果的整理与汇总等各项工作。

2. 其他相关部门。

请购部门、质量管理部、仓储部等其他相关部门负责反馈所采购物资的交期、质量、数量等内容，并协助供应商考核工作。

第2章　供应商监督

第4条　记录供应商履约状况。

1. 供应商管理人员应根据"供应商选择控制程序"的相关规定，选择合格供应商，并建立档案。
2. 采购人员按本公司需求，向合格供应商采购物资。

续表

3. 供应商管理专员负责整理采购过程中各种资料与记录，并汇总归档，作为供应商考核的依据。

第5条 采购过程监督。

1. 采购人员需对合格的供应商进行交货期监督，要求其准时交货，同时记录由供应商原因引起的分批发运造成的超额费用。

2. 采购部应对合格的供应商进行质量监督，由质量部和采购部记录合格供应商的供货质量情况，出现不合格产品时应当对供应商提出警告，连续两批产品均不合格应暂停采购。

3. 责令质量严重不合格供应商查明原因并提高产品质量，如果有所改进，再另行决定是否继续采购。如果供应商不能在限期内提高产品质量，则由采购部经理报总经办批准之后，终止与其合作。

第3章 供应商考核体系构建

第6条 供应商考核对象。

凡列入我公司"合格供应商名录"的所有供应商，均为本公司供应商监督与考核的对象。

第7条 考核时间。

1. 月度考核。

供应商主管需对提供的产品或物资质量和交货情况进行检查、评估考核，填制供应商考核表，每月底，上交采购部经理审核，采购总监审批。

2. 年度考核。

供应商主管应每年根据供应商月度考核结果，统计分析供应商在考核年度内订货总次数、总交货金额、质量优劣情况、退货率、发生交货延误率、发生数量差错率以及各种原因未能及时履行交货时是否采取迅速、及时、合理的补救措施等，考核结果填入供应商年度考核表并将其纳入供应商档案。

第8条 考核方法。

供应商考核方法有多种，供应商管理人员可根据采购情况，在如下考核方法中作出选择。

1. 主观法，根据个人印象和经验对供应商进行评价，评价的依据比较笼统，适合于供应商管理人员在对供应商进行初评时使用。

2. 客观法，依据事先制定的标准或者准则对供应商情况进行量化考核、审定，包括调查表法、现场打分评比、供应商表现考评、供应商综合审核法等，采购人员可根据实际情况选用合适的方法。

第9条 考核内容

供应商考核内容如下表所示。

供应商考核内容

序号	考核维度	具体内容
1	履约情况考核	◆对供应商就采购合同执行情况进行考核评估
2	价格方面考核	◆是否按照采购合同规定价格进行供货； ◆是否根据市场变化而调整价格并及时提供给公司价格调整信息； ◆所提供的物资价格是否高于同品牌、同型号产品的一般价格； ◆价格是否有下降空间
3	交货方面考核	◆是否根据采购合同内所规定的日期按时交付产品或提供物资； ◆是否按照采购合同所规定的交付方式进行交付
4	质量方面考核	◆物资是否符合采购合同所规定的质量标准； ◆是否存在因包装、工艺、材料的缺陷而产生的质量问题； ◆生产工艺质量是否能够保证产品或物资质量
5	服务方面考核	◆售前服务是否周到、全面； ◆售后服务是否及时、良好，出现问题是否能够及时处理解决
6	其他	◆对供应商管理水平、生产技术改进、人员操作等方面进行考核

第4章 供应商考核实施控制

第10条 考核评价实施。

1. 规定考核周期内，供应商管理人员需对所辖供应商进行公平、公开、公正的考核工作。
2. 考核过程中，由各相关部门按照供应商考核表上所述项目，对供应商进行打分，并将打分结果传至供应商管理人员。
3. 供应商管理人员需将各项考核结果进行加总，根据加总结果确定供应商级别，并对其进行处理。

第11条 考核结果处理。

1. 考核标准和考核结果应由采购专员以书面形式通知供应商，考核评分以及相应级别处理如下表所示。

考核评分以及相应级别处理

级别	分值	奖惩情况表
A级	90分以上	酌情增加采购，优先采购，特殊情况下可办理免检，货款优先支付
B级	80~89分	要求其对不足进行整改，将结果以书面形式进行提交，采购策略维持不变
C级	70~79分	对其减少采购量，并要求其对不足进行整改、将整改结果以书面形式提交，采购部对其纠正措施和结果进行确认后决定是否继续正常采购
D级	69分及以下	从"合格供应商名录"中进行删除，终止采购供应关系

2. 采购部应及时对评价考核为B级和C级的供应商进行必要的辅导，帮助其改进以满足公司的各项供应要求。

续表

3. D级如果想重新向本公司供货,应重新按照新供应商选择的流程来做调查评核或者参加本公司招标。				
第12条 考核结果存档。 供应商管理专员需将每次供应商考核的记录及时收入供应商管理档案,作为调整供应商政策的依据。				
第5章 附则				
第13条 本制度由公司采购部制定,经公司总经办审核批准后通过。 第14条 本制度自2019年10月1日起实施。				
编制日期		审核日期		批准日期
修改标记		修改处数		修改日期

3.3 供应商选择

3.3.1 风险点1:选择不当

供应商选择不当,是供应商管理过程中的主要风险,本风险主要表现在3个方面,如图3-9所示。

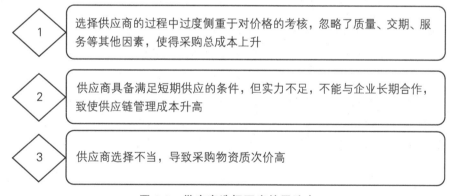

图3-9 供应商选择不当的风险点

3.3.2 风险点2:更换供应商

企业有时为了追求性价比高的产品、获得更好的服务可能会做出更换现有供应商的决策。但这一行为会面临着一系列的风险,如图3-10所示。

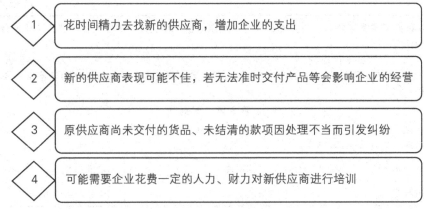

图 3-10　更换供应商的风险

3.3.3　影响因素：5 大因素

从众多供应商中选择合适的合作伙伴，就需要了解供应商的情况。下面列举了 5 个核心的、影响供应商选择的因素，如表 3-7 所示。

表 3-7　影响供应商选择的因素

影响因素	内容说明
产品价格与质量	在其他条件相同的情况下，采购价格便宜者是具有优势的。另外，供应商提供产品质量的优良性与稳定性是企业有序经营的重要条件，所以产品质量也是一个重要因素
生产能力	供应商的生产能力应确保满足企业对采购物资的需求
技术水平	供应商技术水平的高低决定了其是否能够不断改进产品，能否与本企业进行持续的合作
经营管理能力	经营管理能力反映着供应商的当前交易是否有盈利状况，同时企业是否具有长远的发展潜力。经营管理能力可从财务状况、管理水平、服务水平三个角度进行评估
信誉状况	能准时交付订购的物料、依据采购合同办事是选择供应商需考虑的一个重要因素

3.3.4　方法 1：招标法

当采购物资数量大、供应市场竞争激烈时，可以采用招标法来选择供应商。采购方作为招标方，事先提出采购的条件，邀请众多供应商企业参加投标，然后由采购方按照规定的流程和标准一次性地从中选择其中的优秀者作为交易对象，并与提出最有利条件的投标方签订采购合同或协议。

通过招标的方法，企业可以在更大的范围内选择满足条件的原材料，选择面更广。但招标方法持续时间长，不适合对时间要求高的原材料供应商。

采购招标最常用的方法有公开招标和邀请招标。

3.3.4.1 公开招标

公开招标又称竞争性招标，即由招标人在报刊、网络或其他媒体上发布招标公告，以吸引众多企业单位参加投标竞争，招标人从中选择确定中标单位的招标方法。

3.3.4.2 邀请招标

邀请招标又称有限竞争性招标，是由招标采购单位根据自己累积的资料，或由权威的咨询机构提供信息，选出一些合适的单位发出邀请，应邀单位在规定的时间内向招标单位提出投标意向，购买投标文件进行投标的方法。

3.3.5 方法2：直观选择法

直观选择法是企业根据询问和调查所得的材料，对供应商进行分析判断后，选择供应商的一种方法。该方法主要是根据采购人员对供应商的产品质量、价格、使用寿命、售后服务等几个评价指标的认知程度，或者是企业挑选其中的几个重要的指标来进行初步评审，然后选择其中口碑较好的供应商的名单，组织召开评审会，进行综合的复审，通过复审的综合结果来确定最佳的供应商。

3.3.5.1 适用条件

该方法用于对供应商比较熟悉，合作时间长，以往的信誉较好的老供应商的确定或用于需求量少的辅助材料的供应商的选择。

3.3.5.2 不足之处

这种方法的主观因素较多，是一种以定性为主的选择供应商的方法。

3.3.6 方法3：考核选择法

在对供应商进行充分调查了解的基础上，再进行详细考核、分析比较，最后选出供应商的方法。供应商的调查可以分为初步供应商调查和深入供应商调查。

① 初步供应商调查，形式非常简单，就是对其产品的类型规格、质量、价格、生产水平、运输技术等进行调查。

② 深入供应商调查，是对影响企业关键产品、重要产品的供应商的调查。对

这些供应商要进行深入地研究考察，主要是以企业的实力、质量保障体系、管理水平、产品的生产能力和技术水平等为选择标准。在对各个评价指标进行考核评估之后，还要进行综合评估。

通过这两个阶段的考核，得出各个供应商的综合成绩，通过综合成绩排名，基本上可以确定最合适的供应商了。

3.3.7 方法4：AHP层次分析法

AHP层次分析法是指将与决策有关的元素分解成目标、准则、方案等层次，在此基础之上进行定性和定量分析的决策方法。

AHP层次分析法根据问题的性质和要达到的总目标，将问题分解为不同的组成要素，并按照要素间的相互关系以及从属关系将要素按不同层次聚合，形成一个多层次的分析结构模型，从而使问题归结为最低层（供决策的方案、措施等），相对于最高层（总目标）的相对重要权值的确定或相对优劣次序的排定。该方法的操作步骤如下。

3.3.7.1 建立层次结构模型

将决策的目标、考虑的因素和决策对象按它们之间的相互关系分为最高层、中间层和最低层，绘出层次结构图。

最高层是指决策的目标、要解决的问题。最低层是指决策时的方案。中间层是指考虑的因素、决策的准则。对于相邻的两层，称高层为目标层，低层为方案层。

例1（图3-11）：

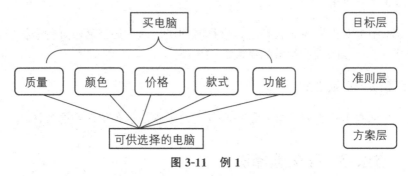

图3-11 例1

例2（图3-12）：

如果上一层的每个因素都影响着下一层的所有因素，或者被下一层的所有因素影响，那么该层次就称为完全层次结构，否则称为不完全层次结构。

3.3.7.2 构造判断成对比较矩阵

在确定各层次因素之间的权重时，如果只是定性的结果，则不容易被别人接受。

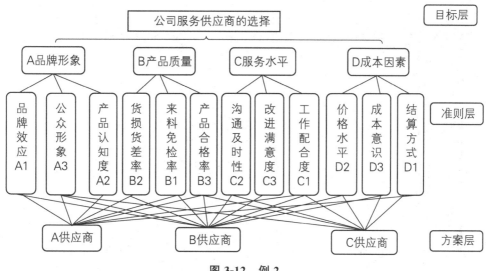

图 3-12 例 2

如对某一准则,对其下的各因素进行两两对比,并按其重要性程度评定等级。由此得出的结果会具有较强的客观性。评定前需先对其标度的判断标准进行界定,比例标度表见表 3-8。

表 3-8 比例标度表

标度	标度的量化值
同等重要	1
稍微重要	3
很重要	5
极为重要	7
两相邻判断中间状态对应的标度值	2、4、6

3.3.7.3 层次单排序及其一致性检验

对应于判断矩阵最大特征根 λ_{max} 的特征向量,经归一化(使向量中各元素之和等于 1)后记为 W。W 的元素为同一层次因素对于上一层次因素相对重要性的排序权值,这一过程称为层次单排序。能否确认层次单排序,则需要进行一致性检验。

3.3.7.4 层次总排序及其一致性检验

计算某一层次所有因素对于最高层因素相对重要性的权值,称为层次总排序。这一过程是从最高层次到最低层次依次进行的。

3.3.8 流程 1:供应商选择流程

供应商选择流程如图 3-13 所示。

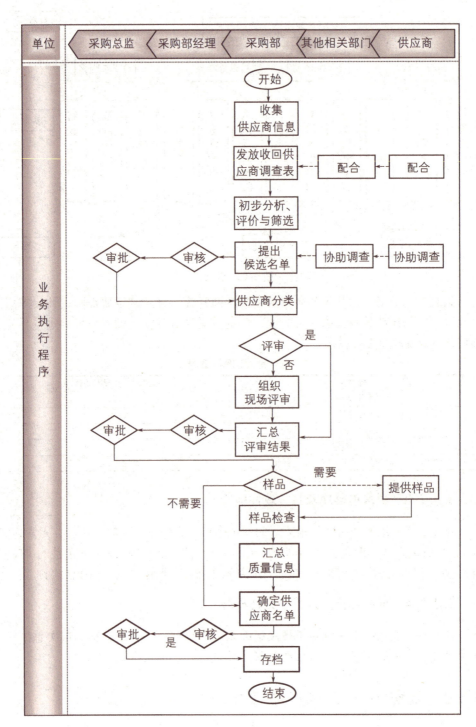

图 3-13 供应商选择流程

3.3.9 流程2：供应商更换流程

供应商更换流程如图3-14所示。

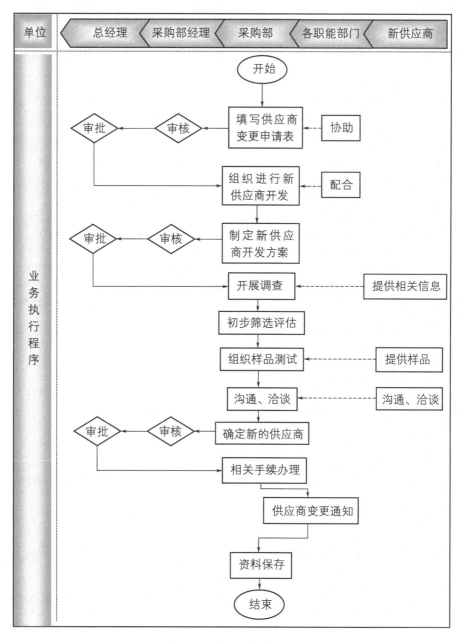

图3-14 供应商更换流程

3.3.10 制度：供应商选择制度

下面是供应商选择制度。

制度名称	供应商选择制度	编号	
		版本	

第1章 总则

第1条 目的。
为了规范供应商选择管理工作，特制定本制度。
1. 确保通过评估筛选能够寻找到最佳的供应商。
2. 确保供应商提供的产品能够满足本公司的要求。
第2条 适用范围。
本制度适用于本公司供应商选择工作的管理。
第3条 职责分工。
1. 采购总监负责监督供应商选择的管理工作，并审批选择确认的合格供应商。
2. 采购部经理负责监督检查供应商选择的执行情况，并审核选择确认的合格供应商。
3. 供应商主管负责供应商资料收集、评审和确认等执行工作。
4. 质量管理部负责检验供应商提供的样品，对供应商进行现场评审。
5. 技术部、生产部等相关部门负责对供应商进行现场评审。

第2章 供应商调查管理

第4条 供应商收集的资料内容。
供应商主管根据目前采购物资的需要，收集目标供应商的有关资料，收集的供应商资料应包括以下内容。
1. 本公司上年度和本年度至今自该供应商采购的总量。
2. 供应商的基本情况，包括发展战略、全国销售代理的扩张情况。
3. 供应商的年度销售额及本公司的采购量占其总销售额的比例。
4. 供应商在本地域的发展预测。
5. 供应商的信用状况、理赔等记录。
6. 供应商的价格敏感程度、供货的及时准确率。
7. 供应商的客户服务与客户评审政策。
8. 供应商产品质量体系及生产组织、管理体系。
9. 其他可收集的资料或信息。
第5条 供应商资料收集的渠道。
供应商主管可以通过各种公开信息和公开的渠道得到供应商信息，收集供应商资料的常用途径有以下几种。
1. 现有合格的供应商资料。
2. 通过网络寻找供应商资料。
3. 通过参加行业展览会寻找供应商资料。
4. 通过采购人员的推荐寻找供应商资料。
第6条 供应商资料收集方法。
1. 供应商主管编制供应商调查表，并向有合作意向的供应商发送。
2. 凡有意向与本公司建立供应关系并且符合条件者可填写供应商调查表，供应商调查表将作为供应商选择和评估的参考依据。
3. 若供应商的生产条件发生变化，供应商主管应要求供应商及时对供应商调查表进行修改和补充。

续表

4. 供应商主管组织相关人员随时调查供应商的动态及产品质量，供应商调查表每年复查一次，以了解供应商的动态，同时依变动情况，更正原有资料内容。

第7条 供应商资料的整理。

供应商主管应依据供应商所供物资分门别类进行整理，以供后期进行评审。

第3章 供应商审核管理

第8条 初步评审。

供应商主管在收到供应商提供的资料后，需结合本公司的具体战略目标和采购需求进行筛选评估，其评估内容主要包括以下几个方面。

1. 供应商是否生产本企业所需的采购物资。
2. 供应商提供的产品是否符合本企业对采购物资的要求。
3. 供应商的生产水平、供货水平是否符合本企业的要求。
4. 供应商的财务状况。
5. 供应商的信誉。

第9条 候选名单。

供应商主管根据初步筛选标准，通过收集的供应商资料，对其进行初步的分析、评价、筛选后，确定出符合标准的供应商候选人，报采购部经理和采购总监进行审核审批。

第10条 供应商分级。

供应商主管根据供应商提供物资对产品质量的影响程度，对供应商进行分级，可分为关键、重要、普通三个级别，对不同级别的供应商实行不同程度的审核。

第11条 现场评估。

评估小组应对提供关键物资的供应商提出现场评估要求，到供应商生产现场进行实地考察，从生产、技术以及人员等方面判断是否符合公司的采购需求，并由供应商主管填写供应商现场评审表，评估小组成员签署意见后呈交公司总经理审批。

第12条 样件评估。

采购部应向供应商提出样品需求，并由评估小组中质量管理部成员对供应商提供的样品的材质、性能、尺寸、外观质量等方面进行检验评估，检验确认合格的样品，检验人员需在样品上贴样品标签，并注明合格或不合格，并标识检验状态。

第4章 合格供应商确认及存档

第13条 供应商确认。

1. 在供应商初评、现场评审通过，并且样品检验合格的情况下，供应商主管应将供应商列入合格供应商名录，交采购部经理审核，采购总监审批。
2. 原则上一种物资应有两家或两家以上的合格供应商，以供采购时选择。
3. 对于唯一供应商或独占市场的供应商，可直接列入合格供应商名录。
4. 如果客户提供供应商名录，采购部必须按顾客提供的供应商名录进行采购。客户提供的供应商名录直接列入合格供应商名录，如需从非客户要求的供应商处采购时，必须事先得到客户相关部门的书面批准。
5. 合格供应商名录在每次的供应商考核结果得出后进行修改，删除不合格供应商，修订后的合格供应商由采购部经理审核，采购总监审批。

第14条 供应商资料存档。

供应商主管负责建立供应商档案，对每个选定的供应商必须有详尽的档案，以便后期进行定期的评估。

第5章 附则

第15条 本制度由采购部负责制定、解释和修订。

第16条 本制度经总经理审批后，自颁布之日起执行。

编制日期		审核日期		批准日期	
修改标记		修改处数		修改日期	

3.3.11 文案：供应商更换方案

下面是供应商更换方案。

文案名称	供应商更换方案	执行部门	
		版本	

一、目的

为规范企业供应商更换程序,确保所更换供应商符合企业的采购需要,特制定本方案。

二、适用范围

本方案适用于供应商的更换管理。

三、实施程序

1. 明确更换供应商的前提。

(1)现有供应商的产能与服务不能满足公司业务发展的需要。

(2)现有的供应商经公司定期评审被评定为不合格供应商且经整改亦无法达到公司要求,或被确定为淘汰的供应商。

(3)供应商出现重大质量事故且整改达不到公司要求。

2. 市场调查。

主要描述备选的供应商情况,并以表格或图例的形式提供备选供应商与现有供应商在产品类别、质量、价格等方面的对比信息。具体内容略。

3. 更换理由(略)。

4. 变更前对新供应商的评审。

5. 更换程序。

(1)采购部门提出供应商变更申请。

(2)采购部提交变更材料。

所提交报告主要包括供应商概况、供应商评审报告、产品的检验报告等。

(3)其他说明

相关部门应对供应商变更给予协助,不可相互推诿,影响采购工作进程。

3.4 供应商关系维护

3.4.1 风险点：激励不当

要保持长期的双赢关系,对供应商的激励是非常重要的。随着管理模式、方法和技术的不断创新,激励的模式和方法也会不断地创新。但是在激励实施的过程当中,激励的方式不当或者激励时间不对也会给企业采购带来一定的风险。如图 3-15 所示。

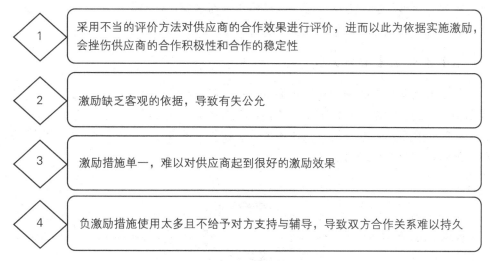

图 3-15　激励不当的风险

3.4.2　要点:4 大要点

3.4.2.1　定期有效沟通

供应商主管根据供应商考核分级结果,拟定不同级别的供应商沟通方案,确定沟通频次、沟通内容、沟通方式等,提交采购总监审批通过后,依照该方案针对不同级别的供应商,分别进行定期有效沟通。供应商沟通的主要内容如图 3-16 所示。

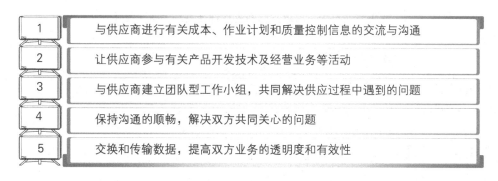

图 3-16　供应商沟通的主要内容

3.4.2.2 及时解决冲突

对于沟通中发现的冲突问题，供应商主管应及时组织相关人员进行调查分析，提出有效、合理的解决方案，经采购总监审批通过后，依照该方案及时处理、解决问题，同时，总结原因，防范类似问题的再度出现。

3.4.2.3 维护良好关系

除了发现并解决冲突外，采购部应积极开展供应商的培训工作，这样不仅可以提高供应商的供货质量，保障企业的物资需求得到较好的满足，还能与供应商实现共担风险、共享利益的长期合作伙伴关系。建立长期合作伙伴关系，对于企业和供应商而言都有重要意义（图3-17）。

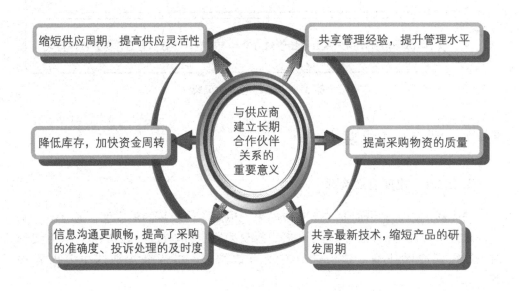

图 3-17　与供应商建立长期合作伙伴关系的重要意义

3.4.2.4 工作总结与改进

采购部对供应商关系维护工作进行定期的总结分析，从中发现不足之处，并制定具体的改进方案，以改善下一时期的供应商关系维护工作。

3.4.3　工具：供应商访谈记录表

供应商访谈记录表如表3-9所示。

表 3-9　供应商访谈记录表

访谈时间		结束时间		访谈人员	
供应商具体资料					
公司名称					
访谈对象		职务		部门	
电话		邮箱		地址	
供应商类型(私营、合营、外资)					
访谈的目标					
供应商的相关信息	工厂的面积				
	员工的数量				
	产品类型				
	各项产品月产量				
	付款结算方式				
	可否开发票及税率				
	提供何种产品样本				
	生产流程				
	产品报价				
与本公司合作情况	主要是对提供何种产品及服务、合作流程、结算方式等信息的记录				
	业务合作过程是否存在纠纷(不限于产品品质问题、付款、服务等方面)情况的记录				

3.4.4　流程：供应商关系维护流程

供应商关系维护流程如图 3-18 所示。

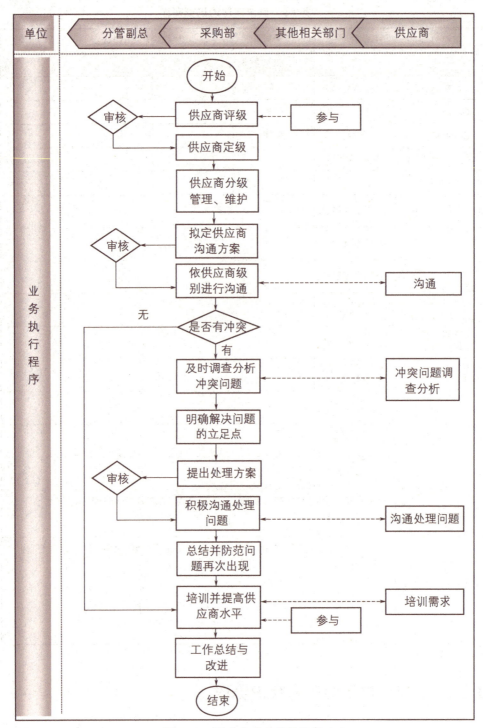

图 3-18 供应商关系维护流程

3.4.5 制度：供应商关系维护制度

下面是供应商关系维护制度。

制度名称	供应商关系维护制度	编号	
		版本	

第 1 章　总则

第 1 条　目的。
为了促进供应商关系维护工作，与供应商建立稳固而互惠的合作关系，保障公司战略物资的及时供应，特制定本制度。
第 2 条　适用范围。
本制度适用于本公司所有供应商的关系维护工作，包括供应商互访。
第 3 条　职责分工。
1. 采购部职责。
（1）负责拟定供应商分类标准，并组织供应商级别评定。
（2）根据战略发展关系，负责供应商关系的处理及维护。
（3）负责供应商谈判、绩效评估等工作的具体实施。
2. 其他相关部门。
其他相关部门协助采购部处理供应商的管理工作。
第 4 条　供应商关系维护原则。
采购人员在进行供应商关系维护时，应遵循以下原则。
1. 公平、公正、客观原则。
2. 定期评估原则。
3. 维护合作关系原则。

第 2 章　实施供应商分级管理

第 5 条　分级评定小组。
采购部组织成立供应商分级评定小组，主要参与者为采购部、质量管理部、生产部相关人员。
第 6 条　分级评定办法。
1. 供应商评定小组负责对供应商进行等级评定，评定指标包括合作配合度、产品质量、服务等方面。
2. 最终评定标准与评定结果需要送交采购部经理审批，经批准后生效。
3. 经审批生效后的分级结果，需作为供应商关系维护的重要依据。

第 3 章　供应商日常沟通管理

第 7 条　与供应商沟通的要求。
供应商管理人员应对其负责的供应商进行维护，经常和供应商进行沟通和检查，以便增强交流合作、掌握最新市场信息和产品发展趋势。
第 8 条　与供应商沟通的频次管理。
1. 采购部根据供应商等级制订与供应商的沟通或互访计划，计划内容包括沟通时间、地点、内容等，经采购部经理审核批准后，具体安排人员执行与供应商沟通的计划。
2. 采购部应根据供应商不同等级，制定不同的沟通或互访方案，指导沟通工作，具体各级别的供应商沟通频次安排见下表。

续表

具体各级别的供应商沟通频次安排

供应商级别	划分标准	沟通频次
A级	保证按时、按量供货,供应产品质量优良,售后服务处理及时、有效	至少10次/月
B级	保证按时、按量供货、供应产品质量合格,售后服务可达到标准要求	至少5次/月
C级	无法保证按时、按量供货,产品质量不合格率高,售后服务不及时或服务质量无法达到标准要求	发生不合格情况时立即沟通协商处理办法

第9条　与供应商沟通或互访方式。

沟通或互访方式可以包括大型商务会晤、电话沟通、网络即时通信沟通、电子邮件沟通和上门拜访等方式。

第10条　与供应商沟通的内容。

采购人员与供应商沟通的内容必须跟物资采购的事项有关,可以包括采购物资的相关情况、交期跟催事项、运输过程跟踪事项、售后服务情况、供应服务改善方案等方面,具体包括但不限于以下5类的内容。

1. 采购产品的规格、数量、标准要求的核实或变更。
2. 运输、安装、维修等售后服务事项。
3. 供应服务改善方案。
4. 供应商管理支持活动。
5. 供应商相关人员的培训。

第11条　与供应商沟通的要求和规范。

采购人员在与供应商沟通时,应注意遵循以下的要求和规范。

1. 遵守商务礼仪语言和行为规范。
2. 与供应商沟通的问题应清晰、明了、准确无误。
3. 对于供应商询问的问题,若属于商业机密,可向其解释无法告知,但不可欺骗。
4. 跟供应商沟通时不能偏信一方,需要向多方求证。

第5章　其他维护方式

第12条　供应商激励。

对于供应商等级评定结果为A级的供应商,采购部应当给予一定的表彰奖励,可以向其颁发奖状或者给予适当的奖金优惠,加大采购比例等。

第13条　投资扶持供应商。

公司对重要的、有发展潜力的、符合公司投资方针的供应商,可以投资入股,与其建立产权关系。

第6章　附则

第14条　本制度由公司采购部制定。
第15条　本制度自下发之日起实施。

编制日期		审核日期		批准日期	
修改标记		修改处数		修改日期	

3.4.6 文案：供应商奖惩实施方案

下面是供应商奖惩实施方案。

文案名称	供应商奖惩实施方案	执行部门	
		版本	

一、目的

为了提高供应商的供货能力，维护公司和供方的利益，特制定本方案。

二、职责划分

1. 分管领导：负责对供应商奖惩意见的核定。
2. 品管部：对供应商产品质量提出奖惩意见。
3. 采购部：负责对供应商奖惩意见实施。
4. 其他部门：负责在各自职能范围内对供应商的工作提出奖惩建议。

三、奖惩管理的依据

每季度对供应商的业绩考核。

供应商的某些行为对本公司生产经营产生重大影响，并造成正面或负面的效果。

四、奖惩计分办法

每季度由公司的评审小组对"合格供应商名录"内的供应商进行业绩评价。评价满分为100分，依照下表4个方面进行。

奖惩计分办法

维度	计分办法
采购价格	在同行同等品质档次中具有较强的竞争优势，____分
	价格合适，____分
	价格偏高且不稳定，____分
物料质量	送货的物料一次交验合格率低于98%，减____分
	批量退货的，减____分
	连续2批物料由于同种问题出现退货的，减____分
物料交付	在规定的时间内交付，____分；有时会延迟，但未影响生产，____分；有时会延迟，影响生产，____分
	交付方式未依照要求的，如包装形式、随附报告、产品标示等，减____分
服务	对提出的整改措施未如期执行者，减____分

续表

五、奖惩办法
1. 能按期完成订货任务,且经考核达到____分的供应商,给予交货价格____%的奖励。 2. 能按期完成订货任务,且经考核达到____分的供应商,继续维持合作关系。 3. 对品管制度、生产技术改善推行成果显著者,给予如下奖励。 (1)优先给予合作业务。 (2)公司另行奖励。 4. 考核结果连续 2 次在____分以下者,减少采购量。 5. 考核结果连续 2 次在____分以下者,又未在要求期限内改善者,则停止采购。

第4章

采购招标管控

4.1 招标代理机构的选择

4.1.1 风险点1：选择方式的风险

招标代理机构的选择方式主要是公开招标和邀请招标。企业采购项目负责人根据项目的特点、需求确定选择招标代理机构的方式，而选择方式的不同会存在着风险，如图4-1所示。

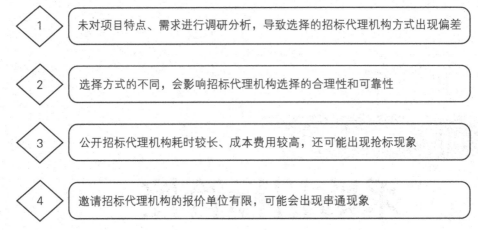

图4-1 招标代理机构的选择方式风险的表现

4.1.2 风险点2：招标代理机构的行为风险

招标代理机构是指依法设立、受招标人委托代为组织招标活动并提供相关服务的社会中介组织。招标代理机构的产生对保证招标质量、提高招标效果起到了有益的作用，但是在招标代理工作中也存在着一些不容忽视的行为风险，如图4-2所示。

4.1.3 措施：招标代理机构的选定

如何选定招标代理机构对采购项目招标来说是一件非常重要的事情，它关系到后期整个招标项目的质量，其具体措施如下。

① 对采购项目需求特点进行分析，根据选择方式的特点，选择与之合适的

图 4-2 招标代理机构行为风险的表现

方式。

② 选择邀请招标，要保证邀请的代理机构不属于同一利益集团。

③ 加强招标代理机构的资格资信审查工作。

4.1.4 标准：招标代理机构选择评分标准

招标代理机构选择评分标准主要从 4 个维度进行选择，如表 4-1 所示。

表 4-1 招标代理机构选择评分标准表

维度	说明
专业领域	根据项目的特点选取与之专业领域符合的程度评分
机构业绩	根据代理机构的业绩成果进行评分，如每代理一个____万元的项目得____分；业绩证明需提供含有履行备案证明的中标通知书和项目招标代理评价意见书，以中标通知书发出的时间和金额为准
机构规模	注册资金达____万元，得____分，每增加____万元，加____分(不足____万元不加分)，最多加____分
综合信誉评价	按代理机构的信用等级进行评分，AAA、AA、A 分别得____分、____分、____分

4.1.5 流程：招标代理机构比选流程

招标代理机构比选流程如图 4-3 所示。

4.1.6 公告：招标代理机构选取公告

招标代理机构选取公告如图 4-4 所示。

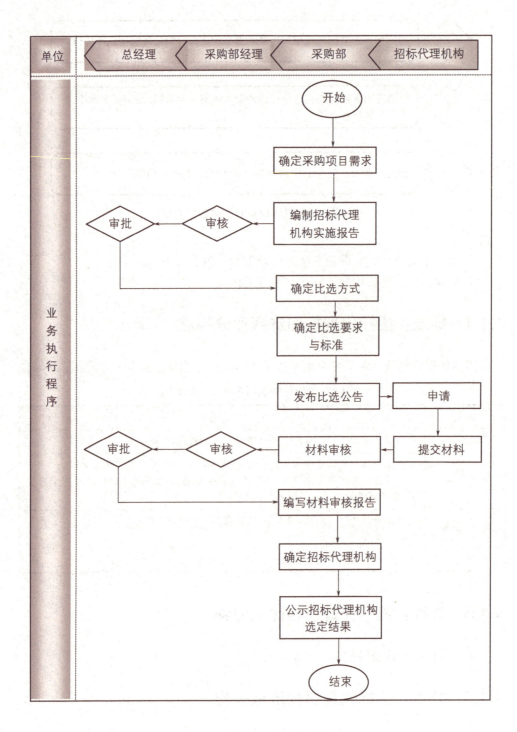

图 4-3 招标代理机构比选流程

```
招标代理机构选取公告

            ××企业的招标中心
          ××关于招标代理机构选取公告

    编号:

    根据本项目需求,经综合评审,最终选定××为此次项目招标代理机构,请贵公司
    务必于×年×月×日前派员持本通知书到我单位具体洽谈本项目招标的具体细节,签定
    合同。

    公告期限:×年×月×日至×年×月×日。

    公告期间,若有疑问可向招标人询问,如发现违规,可以书面形式向监督部门投诉。

    监督部门:

    电话:

    地址:

    邮编:

                              ××项目招标中心
                           日期:    年   月   日
```

图 4-4 招标代理机构选取公告

4.2 招标文件的编制

4.2.1 风险点 1:采购项目的技术标准

采购项目的技术标准指所购货物、设备所需的技术标准。在进行编写时主要会存在 4 点风险,如图 4-5 所示。

4.2.2 风险点 2:投标人的资格资信

投标人的资格资信主要包括国家规定的市场准入条件以及人员配置、技术装

备、生产能力、管理能力、业绩经验、信誉等资格条件。招标人在编制投标人的资格资信要求时主要存在 2 点风险，如图 4-6 所示。

采购项目的技术标准说明不完整、完善，不便投标人阅读和评审委员会展开评审工作，增加工作的复杂程度

采购项目的技术标准说明存在迎合某一潜在供应商或排斥某一潜在供应商的现象，导致招标无效

技术标准设置不合理。如将某投标人独有的或者比较有优势的技术因素确定为招标文件的重要技术参数，或者将该技术因素占技术条款的权重拔高，使该投标人在竞争中获得较大优势，损害其他投标人的利益

采购项目的技术标准太高，会导致入选的投标人数太低；技术标准过低，会导致入选的投标人数量太高，影响其招标效率和质量

图 4-5　采购项目技术标准制定不当的风险

未明确投标人的资格资信标准，降低了投标人的资格资信评审的工作效率

投标人的资格资信条件因人而设，没有做到公平、合理，可能导致中标人并非最优选择

图 4-6　投标人的资格资信风险的表现

4.2.3　内容：招标文件的内容

招标文件是供应商准备投标文件和参加投标的依据，同时也是评标的重要依据。

招标文件包括招标人须知、招标项目的性质和数量、技术规格/条款、招标价格的要求及其计算方式、评标的标准和方法、拟签订合同主要条款和合同格式、投标人应当提供的有关资格和资信证明文件、投标保证金的数额或其他形式的担保等内容。表 4-2 是某企业设计的一份设备采购招标文件的框架，仅供参考。

表 4-2 招标文件内容说明表

内容	具体说明
投标邀请	➤明确文件编号、项目名称及性质; ➤投标人资格要求,不同项目根据性质不同,邀请的投标人资格也不同; ➤发售文件时间应从公告时间开始到投标截止时间之前结束; ➤提交投标文件方式、地点和截止时间
投标须知	➤投标须知中应包括资金来源、投标商的资格要求、原产地要求、澄清程序、投标内容要求、投标语言、投标价格和货币规定、修改和撤销投标的规定、评标的标准和程序、投标截止日期、开标的时间以及地点等
合同条款	➤合同条款包括一般合同条款和特殊合同条款; ➤特殊合同条款是因具体采购项目的性质和特点而制定的补充性规定,是对一般合同条款中某些条款的具体化,并增加一般合同中未做规定的特殊要求
技术规格	➤技术规格规定的是所购货物、设备的性能和标准; ➤采购技术规格不是要求或标明某一特定的商标、名称、专利、设计、原产地或生产厂家,不得有迎合某一潜在供应商或排斥某一潜在供应商的内容
标书编制要求	➤标书是投标商投标的一个重要文件,投标商必须对招标文件的内容进行实质性的响应,否则将被判定为无效标(按废弃标处理)
投标保证金	➤投标保证金可采用现金、支票、不可撤销的信用证、银行保函、保险公司或证券公司出具的担保书等方式交纳; ➤招标完成之后应及时退还投标商所押投标保证金,若投标商有违约、违规、违纪的情况发生,应没收其投标保证金
供货表和报价表	➤供货表中应包括采购商品品名、数量、交货时间和地点等; ➤在报价表中要填写商品品名、介绍、原产地、数量、出厂单价、价格中境内增值部分所占的比例、总价、中标后应缴纳的税费等
履约保证金	➤履约保证金是为了保证采购单位的利益,避免因供应商违约给采购单位带来损失。一般来说,货物采购的履约保证金为合同价的____%~____%
合同协议书格式	➤合同协议书主要包括协议双方名称、供货范围或工程简介、合同包括的文本以及协议双方的责任和义务等

4.2.4 注意:编制招标文件的注意事项

编制招标文件时要注意4个方面的事项,如图4-7所示。

4.2.5 要求:投标文件的编制要求

投标人应当按照招标文件的要求编制投标文件。投标文件应当对招标文件提出的实质性要求和条件作出响应。

投标文件一般由商务部分和技术部分两部分组成,可以简称为商务标与技术标。在编写过程中,至少需把握好表4-3所示的几点要求。

所有采购的货物、设备或工程的内容,必须详细地一一说明,以构成竞争性招标的基础

制定技术规格和合同条款不应造成对有资格投标的任何供应商或承包商的歧视

评标的标准应公开和合理,对偏离招标文件另外提供新的技术规格的标书的评审标准,更应切合实际,力求公平

符合本国法律法规的有关规定,如有不一致之处要妥善处理

图 4-7　编制招标文件的注意事项

表 4-3　投标文件的编制要求

类别	编制要求
技术标	要有针对性与实用性,即应根据招标文件的要求及项目的特点,提出应对的措施
商务标	应严格按照招标文件提供的格式要求填写
	在需要盖章处盖章,不可遗漏
	依招标文件规定封标

4.2.6　示例:招标文件示例

下面是某企业的招标文件大纲,仅供参考。

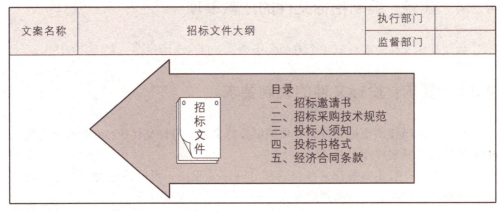

续表

一、招标邀请书

招标邀请书

本公司实施中的××项目采购××××××，经研究决定采取邀请招标方式选择供应商，经综合比较，鉴于贵公司的良好信誉，特邀请贵公司参与投标。

1. 招标文件编号：_____。
2. 招标货物/服务名称：_____。
3. 主要技术规格：_____。
4. 招标文件从___年___月___日起每个工作日时间在下述地址出售，招标文件以每套人民币___元（邮购另加___元人民币）出售，售后不退。
5. 投标书应附有___元的投标保证金，可用现金或按下述开户行、账号办理支票、银行自带汇票。投标保证金请于___年___月___日___时（北京时间）前递交。

开户名称：_____。
开户银行：_____。

6. 投标截止时间：___年___月___日___时（北京时间），逾期不予受理。
7. 投递标书地点：_____。
8. 开标时间和地点：_____。
9. 若有疑问，请及时与我公司联系。

联系人：
联系电话：
传真：
E-mail：

××公司××项目招标委员会
　年　　月　　日

二、招标采购技术规范

1. 招标采购物料名称及数量。
2. 主要技术要求。

三、投标人须知

1. 投标资格。
(1) 投标人的合格性和资格的证明文件。
(2) 货物的合格性并符合招标文件规定的证明文件。
2. 招标文件。
(1) 招标文件的组成。
(2) 招标文件的澄清。
(3) 招标文件的修改。
(4) 招标费用。
3. 投标文件。

续表

(1) 投标语言。
(2) 投标文件的组成。
(3) 投标标书格式。
(4) 投标报价和数量。
(5) 投标保证金。
(6) 投标有效期。
(7) 投标文件格式、签署。
4. 投标。
(1) 投标文件的密封。
(2) 投标截止日期。
(3) 投标文件的修改和撤销。
5. 开标及评标。
(1) 开标。
(2) 评标委员会。
(3) 对投标文件的初审和响应性的确定。
(4) 对投标文件的评估和比较。
(5) 投标文件的澄清。
(6) 评标原则及方法。
(7) 保密程序。
6. 定标。
7. 授予合同。
(1) 资格后审。
(2) 授予合同的准则。
(3) 中标通知。
(4) 签订合同。
(5) 履约保证金。
8. 其他。

四、投标书格式

1. 投标函。
2. 投标企业资格报告。
3. 企业营业执照影印件。
4. 法定代表人资格证明书。
5. 法人代表授权书。
6. 投标物料设备数量价格表。
7. 投标货物/服务技术规格偏差表。
8. 安装调试方案。
9. 售后服务计划。
10. 中标人履约保证书。

五、经济合同条款

1. 一般条款。
2. 专用条款。

4.3 招标公告的发布

4.3.1 分类：招标公告的分类

招标公告种类很多，按照不同的分类方法可以分成不同的种类，招标公告分类表如表4-4所示。

表4-4 招标公告分类表

序号	分类方法	具体种类
1	招标内容	建筑工程招标公告、劳务招标公告、大宗商品交易公告、设计招标公告、企业承包招标公告、企业租赁招标公告等
2	招标的范围	国际招标公告、国内招标公告、系统内部招标公告和单位内部招标公告等
3	合同期限	长期招标公告、短期招标公告
4	招标环节	招标公告、招标通知书、招标章程等

4.3.2 内容：招标公告的内容

招标公告是指招标单位或招标人在进行科学研究、技术攻关、工程建设、合作经营或大宗商品交易时，公布标准和条件，提出价格和要求等项目内容，以期从中选择承包单位或承包人的一种文书。招标公告主要包括以下内容。

(1) 招标项目的名称。
(2) 招标方案的核准部门、核准文号。
(3) 招标单位的名称及联系电话。
(4) 招标项目概况：规模、总投资、资金来源及资金落实情况、项目的主要内容、地点、工期。
(5) 对投标单位的资质要求。
(6) 投标人的投标方式、方法。
(7) 载明资格预审文件的获取时间和方法，递交资格预审资质文件的时间和地点，以及资格预审合格通知书的发放时间。
(8) 要求潜在的投标人提供的有关证明文件和业绩资料。
(9) 获取招标文件的时间、办法及投标截止日期。

4.3.3 范例：招标公告范例

下面是招标公告范例。

文案名称	招标公告范例	编号	
		版本	

本公司对于项目_____,采取公开招标的方式进行招标,已经获得有关部门的批准,具体的招标事项公告如下。

一、招标条件

1. 工程名称:_____。
2. 项目审批、核准或备案机关名称:_____。
3. 招标单位:_____。
4. 招标人:_____。

二、项目概况与招标范围

1. 工程地点:_____。
2. 建设规模:_____。
3. 计划工期:_____。
4. 资金来源:_____。
5. 质量要求:_____。
6. 招标范围:_____。

三、投标人资格要求

1. 投标人资质要求:_____。
2. 项目负责人资质要求:_____。

四、招标公告的发布媒体

本招标公告在_____(发布公告的媒体名称)上发布,公告发布时间____年____月____日。

五、投标报名

1. 凡有意参加投标者,在____年____月____日~____年____月____日(法定公休日、节假日除外)进行报名。
2. 报名地点:_____。
3. 报名资料:_____(加盖公章)。

六、获取招标文件文件

投标人在收到投标邀请书(或资格预审通过通知书)后,方可参与投标,并按照投标邀请书中相关规定购买招标文件。

1. 获取招标文件的时间:____年____月____日至____年____月____日(法定公休日、节假日除外)。
2. 获取招标文件的地点:_____。
3. 获取招标文件的方式:现场购买,提交相关资料_____;如需邮寄,另加人民币____元,通过汇款或电子支付的方式付款,其开户行_____,账号_____。

续表

4. 招标文件的售价：人民币____元/套，售后不退。 七、投标及开标时间、地点 1. 递交投标的文件的开始时间____年____月____日____时，截止投标的时间____年____月____日____时。 2. 开标的时间____年____月____日，开标地点_____。 八、联系方式 招标人：　　　　　　　　　　　　招标代理机构： 地　址：　　　　　　　　　　　　地　址： 联系人：　　　　　　　　　　　　联系人： 电　话：　　　　　　　　　　　　电　话： 九、备注 （略）。 　　　　　　　　　　　　　　　　　　　　招标投标监督机构（盖章） 　　　　　　　　　　　　　　　　　　　　日期：　年　月　日	

4.3.4　办法：招标公告发布管理办法

下面是招标公告公布管理方法。

制度名称	招标公告发布管理办法	编号	
		版本	

第1章　总则

第1条　目的。

为规范公司招标公告的发布管理，确保招标人及时、公正、正确地发布招标公告，保证潜在投标人平等、便捷、准确地获取招标信息，根据《中华人民共和国招标投标法》以及其他相关法律法规和规章制度，结合本公司的实际情况，特制定本办法。

第2条　适用范围。

本办法适用于招标公告发布管理工作。

第3条　管理职责。

1. 采购招标经理负责招标公告的审核。
2. 采购招标主管负责编制招标公告，并通过相关的媒体进行发布。

续表

第 2 章　招标公告的编制

第 4 条　明确招标公告的内容。

采购招标主管在编制招标公告之前,需明确采购招标公告应当具体载明的内容,主要包括招标项目的名称、招标方案的核准部门、核准文号等。

第 5 条　招标公告的构成。

采购招标人员需按照招标公告的格式要求来进行编写,招标公告可分为标题、招标号、正文、落款四个部分,不同部分的编写要求有所不同。

第 6 条　标题的编写。

1. 采购招标人员根据自身需要结合招标标题的格式,对招标公告的标题进行编写。

2. 招标公告的标题是招标公告中心内容的概括和提炼,形式上可分为单标题和双标题。

第 7 条　招标号。

1. 招标人员需在标题下一行的右侧标明公告文书的编号,以便归档备查。

2. 编号一般由招标单位名称的英文缩写、年度和招标公告的顺序号组成。

第 8 条　正文。

1. 招标公告的正文是招标公告的主要部分,采购招标人员需对其认真编写,确保招标公告内容的真实、准确和完整。

2. 招标公告的正文应当写明招标单位的名称、地址,招标项目的性质、数量,实施地点和时间,以及获取招标文件的办法等各项内容。正文一般由开头和主体两个部分组成。

(1)开头部分,也叫前言或引言。简要写明招标的缘由、目的或依据,招标项目的名称、批号等内容。

(2)主体部分,也是招标公告的核心部分,通常采用条文式或分段式结构,需写明下图所示内容。

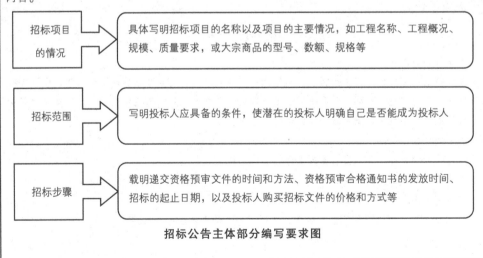

招标公告主体部分编写要求图

续表

第9条 落款。

招标人员需在招标公告正文的末尾写明公司的名称、日期、联系方式等信息。

1. 写明公司的名称、招标公告发布的日期,如果是刊发在报纸上,也可不署日期。
2. 写明公司的地址、电话、传真、邮政编码及联系人等,以便投标人与招标人联系。
3. 将项目设计勘察资料等作为附件列于文后或作为另发的招标文件。

第10条 招标公告的审批。

采购招标主管在编制完招标公告文本后,交由招标经理、总经理签名并加盖公章后向外发布。

第3章 招标公告的发布

第11条 指定发布媒体。

采购招标主管根据项目审批的级别,按照规定选择指定的媒体发布项目招标公告。

1. 国家级项目和省审批的项目,需在国家指定的媒体上发布,国家指定的媒体主要包括中国日报、中国经济导报、中国采购与招标网等。
2. 市级审批的项目,需在省政府或市政府相关部门指定的媒体上发布,具体发布媒体以相应省市规定为准。

第12条 提供相关资料。

1. 在确定发布媒体之后,采购招标主管和指定媒体联系,预订发布版位,并向发布媒体提交相关资料。
2. 提供的资料,需按照指定媒体许可的提交方式(如书面、传真、电子邮件等方式)进行。
3. 媒体一般要求提供的资料包括招标公告文本(需加盖公司公章)、公司营业执照(或法人证书)、项目招标批准文件(复印件),以及其他要求提交的文件资料。

第13条 信息的确认。

招标人员提交资料之后,需与发布媒体针对相关信息进行确认,具体的确认事项如下。

1. 所提交资料是否收到,资料是否清晰、完整。
2. 确定最终发布公告的稿样。
3. 确定正式发布的时间。
4. 如何获取刊物、付费方式、开具发票等。

第14条 指定专人跟踪。

采购招标主管指定专人跟踪落实报刊媒体与网络的发布情况,并在指定媒体完成发布工作后及时向采购招标主管汇报。

第15条 发布情况的跟踪。

1. 相关资料提供之后,指定招标人员需对招标公告的发布情况进行跟踪,确保招标公告如实、如期地发布。
2. 招标公告发布在指定媒体的刊物后,招标人员需获取原件校验,并提交复印件给采购部保存。

续表

第16条 媒体发布的其他注意事项。

1. 在指定媒体发布招标公告以后，采购招标人员可以在其他媒介发布招标公告，但在其他媒介发布同一招标公告的时间不得早于指定媒介的发布时间。

2. 采购招标人员在两个以上媒介发布同一招标项目的招标公告的，其文本内容应当完全相同。

第4章 附则

第17条 本办法由采购部制定，其解释权和修改权归采购部所有。

第18条 本办法经总经理审批通过后，自公布之日起生效。

编制日期		审核日期		批准日期	
修改标记		修改处数		修改日期	

4.4 资格预审、文件出售与接收标书

4.4.1 风险点1：资格预审

资格预审是企业对供应商资格和能力进行预先审查，获得准确投标报价的关键工作之一。目前，采购招标工作中的资格预审存在一些风险，如图4-8所示。

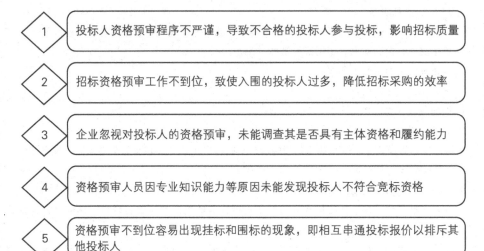

图4-8 资格预审风险的表现

4.4.2 风险点 2：投标文件的时间限制

投标文件的时间自招标文件开始发出之日起至投标人提交投标文件截止之日止，最短不得少于 20 日。目前，投标文件的时间限制风险的表现如图 4-9 所示。

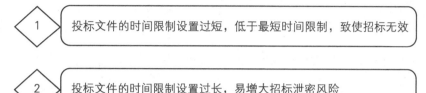

1. 投标文件的时间限制设置过短，低于最短时间限制，致使招标无效
2. 投标文件的时间限制设置过长，易增大招标泄密风险

图 4-9　投标文件的时间限制风险的表现

4.4.3　公告：发布资格预审公告

发布资格预审公告的格式如图 4-10 所示。

发布资格预审公告的格式

关于物业管理项目经营资质预审公告

编号：

　　（物业管理招标机构名称）受（项目招标人名称）的委托，邀请合格的物业管理承包商参加（项目名称及简要说明）的招标资格预审。

　　该项目（项目的规模、工作内容、工作要求、工作量）的简要说明。

　　凡符合物业管理方面有丰富经验并对该项目有兴趣的物业管理承包商，请按以下地址与（物业管理招标机构名称）招标部联系并申请资格预审，资格预审文件将从__年__月__日开始，每天上午__点至__点出售（星期日和节假日除外），该文件每套售价人民币__元，售款概不退还。

　　接受资格预审申请的截止日期为__年__月__日，上午/下午__点，超过该期限者恕不接受。

　　招标机构名称：

　　地址：

　　电话和传真：

图 4-10　发布资格预审公告的格式

4.4.4 程序：资格预审程序

资格预审需要按照一定程序来进行，如图 4-11 所示。

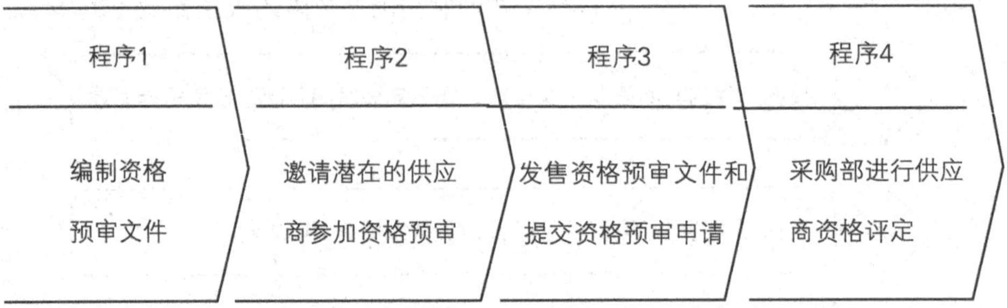

程序1	程序2	程序3	程序4
编制资格预审文件	邀请潜在的供应商参加资格预审	发售资格预审文件和提交资格预审申请	采购部进行供应商资格评定

图 4-11 资格预审的程序

4.4.5 澄清：书面澄清和解释

招标人对已发出的招标文件在招标文件要求提交投标文件截止时间至少 20 日前，以书面形式向所有招标文件收受人进行必要的澄清和解释，该澄清和解释的内容为招标文件的组成部分。

投标人在规定的时间内未对招标文件提出疑问的，招标采购单位将视其为无异议。对招标文件中描述有歧义或前后不一致的地方，评标委员会有权进行评判，但对同一条款的评判应适用于每个投标人。

4.4.6 出售：出售招标文件

招标人应当按照招标公告或者投标邀请书规定的时间、地点出售招标文件。招标文件的出售期不得少于 5 日。招标人出售招标文件收取的费用应当限于补偿印刷、邮寄的成本支出，不得以营利为目的。

4.4.7 接收：接收投标文件

接收投标文件的人应清楚招标文件中关于投标文件外封装的规定，不符合要求的投标文件不得接收，具体以下三种情形的投标文件不得接收：

（1）未通过资格预审的申请人提交的投标文件。

（2）逾期送达的或未送达到指定地点的投标文件。

(3) 未按照招标文件要求密封的投标文件。

对密封符合要求的投标文件，招标人应如实记载投标文件的送达时间和密封情况，并存档备查。对于价格极其敏感的项目，招标人还应采用拍照、录像等方式记录投标文件的密封情况，以免出现争议。

4.5 开标、评标与中标

4.5.1 风险点1：评标专家抽取

评标专家责任重大，承担着评审投标文件等责任。因而在专家抽取的过程中，需规避图4-12中所示的风险，以提升招标的质量。

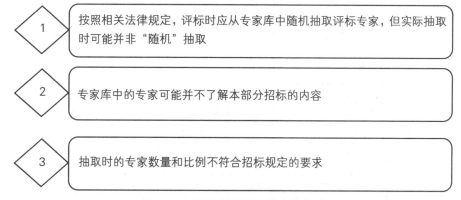

图4-12 评标专家抽取风险的表现

4.5.2 风险点2：开标和评标

投标工作结束后，企业或招标代理机构应当组织开标、评标和定标。开标时间和地点应当在招标文件中预先说明。评标由招标人依法组建的评标委员会负责。评标委员会应当按照招标文件确定的评标标准和方法，对投标文件进行评审和比较，推荐合格的中标候选人。企业按规定从中标候选人中确定中标人，向中标人发出《中标通知书》。开标和评标风险的表现如图4-13所示。

4.5.3 程序：开标程序

开标需要按照以下程序来进行，如图4-14所示。

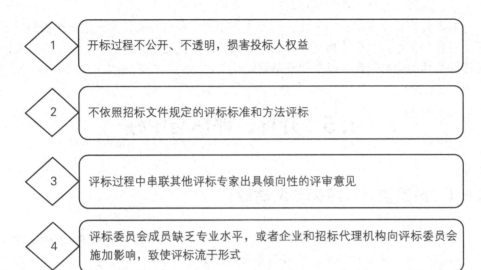

图 4-13 开标和评标风险的表现

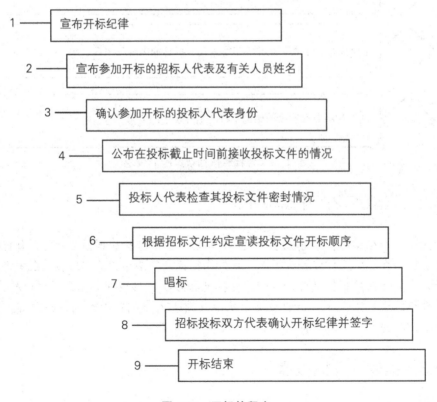

图 4-14 开标的程序

4.5.4 流程：评审流程

评审流程如图 4-15 所示。

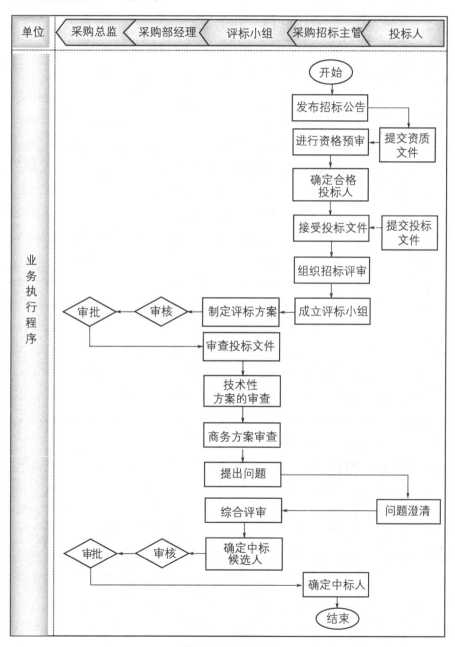

图 4-15 评审流程

4.5.5 工具：采购招标评审表

采购招标评审表如表 4-5 所示。

表 4-5 采购招标评审表

投标单位			项目名称			
招标人			项目地址			
投标人			项目规模		项目资金来源	
招标项目及内容						
	条件	招标文件要求		投标文件相应条件	满足性	
1	符合与完整性					
2	技术条件					
3	价格条件					
4	管理能力					
5	其他					
项目成员						
评审人员						
评审结论					日期	
批准人					日期	
备注						

4.5.6 制度：投标文件评审制度

下面是投标文件评审制度

制度名称	投标文件评审制度	编号	
		版本	

第1章 总则

第 1 条 目的。

1. 能使参与投标的供应商获得公平、公正的待遇。

续表

2. 提高公司采购的透明度和客观性。

3. 以较低的价格获得满足功能和质量要求的产品。

第2条　适用范围。

本办法适用于需要审核的在各种物资采购招标过程中供应商提供的投标文件。

第3条　术语解释。

1. 本制度所指投标文件,是投标人在通过了招标项目的资格预审以后,对自己在本项目中准备投入的人力、物力、财力等方面的情况进行的描述,还有对本项目完成能力的描述,以及报价、完成的细节等按照招标文件制定的响应文件。

2. 投标文件主要包括:设计方案、设计说明、深化设计说明、技术说明、方案施工图、设计效果图等。

第4条　管理职责。

1. 采购总监负责组织评标小组,监督投标文件的评审工作。

2. 评标小组负责评审投标文件,并出具审核意见。

3. 采购部经理负责监督投标文件的接收和管理工作。

4. 招标专员负责接受投标文件。

5. 采购部档案人员负责管理投标文件。

第2章　投标文件的接收

第5条　投标文件封存。

1. 招标采购主管在收到供应商的投标书后,将评标书封存,直到招标会开会当天开封,不得事先开封。

2. 开标前,招标专员应以公开的方式检查投标文件的密封情况。

第6条　投标文件的开标。

1. 当招标会开始,投标人到达会场,将投标书交投标人检查封存完整之后,才能当面开封。

2. 投标书开封后进行唱标,唱标完成时,评标小组应当按照招标文件确定的评标标准和办法,对投标文件进行评审和比较。

第3章　投标文件初步评审

第7条　评标小组以招标文件为依据,进行招标文件的初步评审,以检查各投标文件是否响应招标文件的各项要求,确定各投标文件是否有效。

第8条　初步评审的具体内容。

1. 投标人的资格:公开招标的项目,主要核对是否是通过资格预审的投标单位和项目经理;邀请招标的项目,主要是审查投标单位的资质、业绩、信誉、财务状况以及投标单位近几年是否受到过行业主管部门处罚等情况。

2. 投标担保的有效性:招标文件要求投标单位提交投标保证金的,投标时是否已按时提交;要求提交投标保证金的,要检查保证金额、是否符合招标文件的有关规定。

3. 投标文件是否响应招标文件的实质性要求。

4. 报价计算的正确性及资料的完整性:检查投标文件是否存在计算错误;检查投标文件提交的资料是否符合招标文件的规定,有无遗漏。

续表

第9条 评审结果及处理。

1. 初步评审得出部分投标文件完全响应招标文件要求的，评标小组可以直接对其详细评审。

2. 初步评审得出部分投标文件响应招标文件有偏差的，其中偏差分为重大偏差和细微偏差两种，具体处理办法如下。

(1) 未对招标文件实质性响应的偏差称为重大偏差，对所有存在重大偏差的投标文件，评标小组可按有关规定认定为废标文件，并不再对其详细评审。

(2) 对基本符合招标文件的要求，但个别地方存在漏项等情况的细微偏差投标文件要求做出相应处理：可以要求投标人在评标结束前予以书面补正；如果是报价错误的，由评标小组对投标文件中错误加以修正后让投标人签字确认，作为详细评审的依据。

第4章 投标文件详细评审

第10条 招标采购主管按照招标文件规定的时间在指定的地点举行开标会议后，由评标小组对所有投标文件进行详细评审。

第11条 评标委员需对初步评审合格的投标文件进行详细评审，详细评审一般有两个步骤，具体如下。

1. 对各投标文件进行技术和商务方面的审查，评定其合理性。

2. 对各投标文件分项进行量化比较，评出先后次序。

第12条 详细评审内容。

1. 技术评审：对投标文件的实施方案进行评定，主要评审施工现场布局的合理性，避免交叉作业的施工干扰，以及与其他分阶段实施工程部分的衔接情况；施工进度计划的安排情况，是否切实可行，保证措施是否科学、可靠；各种工程材料设备、质量和性能等各项指标是否满足设计和招标文件的要求。

2. 价格分析：分析投标价格的合理性，并找出报价高低的原因，着重评审报价构成；投标文件中所附资金的合理性，包括审查各阶段的资金需求计划是否与施工进度计划相一致。

3. 管理与技术能力的评价：重点评审实施招标工程的具体组织机构和施工管理保障措施；项目经理和总工程师的人选，同时要考虑现场的主要技术人员在数量和专业方面能否满足施工要求；投入本工程施工的机具和设备，在类型、型号数量等方面能否满足施工需要；质量保证体系的方案和措施等是否先进、合理和可行。

第13条 问题处理办法。

1. 在详细评审过程中，评标小组对投标文件中有不理解的地方，可以书面方式向供应商提出质询，要求投标人以书面方式予以解答。

2. 澄清和确认的问题经供应商签字，作为投标文件的组成部分。

3. 澄清的问题不允许改变投标价格和投标文件中的实质性内容。

第5章 附则

第14条 本制度由采购部制定，解释权归采购部所有。

第15条 本制度自颁布之日起执行。

编制日期		审核日期		批准日期	
修改标记		修改处数		修改日期	

4.5.7 报告：评标报告

评标报告是评标委员会根据全体评标成员签字的原始评标记录和评标结果编写的报告。评标报告的主要内容包括图 4-16 所示的 10 点。

图 4-16 评标报告的主要内容

评标报告应由评标委员会全体成员签字。对评标结论持有异议的评标委员会成员可以书面方式阐述其不同意见和理由。评标委员会成员拒绝在评标报告上签字且不陈述其不同意见和理由的，视为同意评标结论。评标委员会应当对此作出书面说明并记录在案。

4.5.8 举荐：举荐中标候选人

评标委员会按照招标文件的规定对投标文件进行评审和比较，向招标委员会推荐1~3个中标候选人，并表明排列顺序。中标人的投标，应当符合下列条件。

① 能够最大限度地满足招标文件中规定的各项综合评价标准。
② 能够满足招标文件的实质性要求，并且通过评审的投标价格最低；但是投标价格低于成本的除外。

4.5.9 中标：定标与通知

4.5.9.1 确定中标人

招标人根据招标委员会提出的书面评标报告和推荐的中标候选人确定中标人。招标人也可以授权评标委员会直接确定中标人，或者在招标文件中规定排名第一的中标候选人为中标人，并明确排名第一的中标候选人不能作为中标人的情形和相关处理规则。

依法必须进行招标的项目，招标人根据评标委员会提出的书面评标报告和推荐的中标候选人自行确定中标人的，应当在向有关行政监督部门提交的招标投标情况书面报告中，说明其确定中标人的理由。

4.5.9.2 中标通知

① 评标结束确定中标后，项目招标委员会以书面形式发出中标通知书。
② 通知其落标的投标人，并退还其投标保证金。
③ 项目招标委员会无须向落标方解释落标原因，不退换投标文件。

4.5.9.3 中标通知书模板

中标通知书模板如图4-17所示。

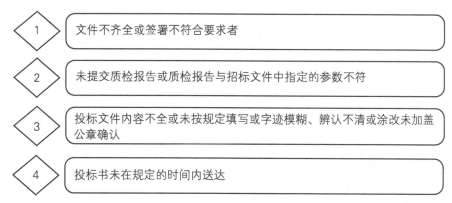

图 4-17 中标通知书模板

4.6 无效标书

4.6.1 情形：无效标书的情形

无效标书是指投标人的投标文件没有按照招标文件的要求进行处理或不符合招标文件的要求，而不能进入投标程序。无效标书的情形如图 4-18 所示。

1. 文件不齐全或签署不符合要求者
2. 未提交质检报告或质检报告与招标文件中指定的参数不符
3. 投标文件内容不全或未按规定填写或字迹模糊、辨认不清或涂改未加盖公章确认
4. 投标书未在规定的时间内送达

图 4-18 无效标书的情形

4.6.2 注意：务必注意的事项

为防止出现无效标书的情形，务必注意一些事项，如图 4-19 所示。

序号	事项
1	仔细解读招标文件中投标所需提交的相关资料,避免出现所提交资料与招标文件要求不符的情况
2	投标书应在招标文件规定的投标截止时间前送达
3	投标文件内容填写应字迹工整、简洁,切忌书写潦草、随意涂改
4	投标书的编写要严格依照招标单位提供的标书要求和格式,不能有漏项。另外,要加盖单位公章的地方不能有遗漏

图 4-19　务必注意的事项

第 5 章

采购价格与成本管控

5.1 采购价格管控

5.1.1 风险点1：对市场价格变化缺乏预测

采购人员应根据物资市场现象的不同特征、自身的经验等，对公司采购物资的价格进行预测，并据此做出应对。若缺乏对市场价格的预测，则会给企业带来一系列的风险，如图5-1所示。

采购人员对市场价格变化缺乏预测，造成库存短缺，可能导致企业生产停滞

采购人员对市场价格变化缺乏预测，造成库存积压，导致企业资源浪费

采购人员缺乏对重要采购物资价格的跟踪与监督，导致不了解市场行情，也无法预测市场价格变化，使得采购价格较高，增加企业的采购成本

图5-1 对市场价格变化缺乏预测的风险说明

5.1.2 风险点2：价格是否在合理区间

采购价格是否在合理的区间，是采购成本控制过程中的主要风险之一，如图5-2所示。

5.1.3 风险点3：采购价格过低

以最优"性价比"采购到符合需求的物资是企业所期望的。但需注意，采购价格并非越低越好，因为采购价格过低可能会给企业带来风险，如图5-3所示。

5.1.4 影响因素：8大影响因素

采购价格是指企业进行采购作业时，通过某种方式与供应商确定的所需采购的

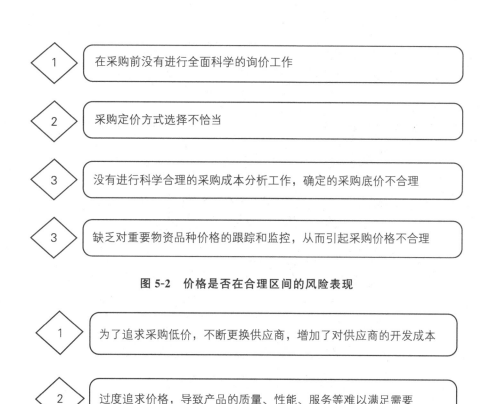

图 5-2　价格是否在合理区间的风险表现

图 5-3　采购价格过低的风险说明

物品和服务的价格。采购价格的高低主要受 8 大因素的影响，如图 5-4 所示。

下面对 8 大影响因素进行简要的说明。

5.1.4.1　供应商成本高低

这是影响采购价格最直接、最根本的因素。供应商进行生产，其根本目的是获得一定的利润，因此其价格的确定与其生产成本密切相关。当其达到一定生产规模，具备较强的成本竞争优势时，采购方有可能获得较为优惠的采购价格。

5.1.4.2　采购品的规格与品质

采购方对采购产品的规格和品质的要求越高，价格越高；反之，要求越低，价格相应的也会越低。但企业在采购的时候，应以满足企业生产需要为前提，不应单

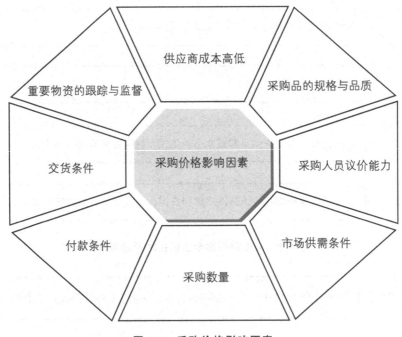

图 5-4　采购价格影响因素

方面地追求价格而忽略了质量。

5.1.4.3　采购人员议价能力

采购谈判人员议价能力的高低也影响着采购价格，议价能力越高，采购价格越低；反之，议价能力欠缺，则会导致采购价格较高。

5.1.4.4　市场供需条件

当企业所需物品的市场供应量大于需求量时，则采购企业处于主导地位，可获得较为优惠的价格；当企业所需物品的市场供应量小于需求量时，则供应商处于主导地位，很可能趁机抬高采购价格。

5.1.4.5　采购数量

如果采购数量大，为了表示诚意或向采购方示好，供应商可能会在价格上给予一定的优惠，采购方将会获得较为优惠的价格。因此，大批量、集中采购是降低采购价格的有效途径。

5.1.4.6　付款条件

在付款条件上，为了鼓励或刺激采购方提前进行现金付款，一般会设置期限折扣、现金折扣等相关优惠，因此，对于采购方而言，为了节省采购成本，应考虑付款条件对采购价格的影响。

5.1.4.7　交货条件

交货条件也是影响采购价格的重要因素。交货条件主要包括运输方式、交货地点、包装方式、交货期的缓急等。

5.1.4.8　重要物资的跟踪与监督

对重要物资进行跟踪与监督，有助于了解行情，在价格的选择上更加合理；反之，缺乏跟踪与监督，不了解市场行情，供应商可能虚报价格，导致采购价格较高。

5.1.5　工具：采购询价单

采购询价单如表 5-1 所示。

表 5-1　采购询价单

物资(服务)名称		编号	规格说明	单位	数量	质量要求
报价须知	交货期限	□需于＿＿＿年＿＿＿月＿＿＿日以前交清　□订购后＿＿＿天内交清				
	交货地点					
	付款办法	□交货验收合格后付款　□试用合格后付款				
	订购方法	□分项订购　□总金额为准				
报价期限	报价截止日期	请于＿＿＿年＿＿＿月＿＿＿日＿＿＿时以前惠予报价				
	报价保留时效	请保留报价有效期间至询价截止日期起＿＿＿天以上				
报价途径		将报价单寄送至××××市×××路×××号××××公司采购部或发送至×××××@××××.com				

5.1.6 文案：询价采购报告

下面是询价采购报告。

文案名称	询价采购报告	编制部门	
		版本	

一、询价项目简介
1. 项目名称：_____。
2. 采购方式：询价。
3. 采购人：_____。
4. 询价范围：_____。

二、询价安排
1. 时间：___年___月___日至___年___月___日。
2. 地点：_____。
3. 小组构成：本次询价采购小组由采购单位专业人员及相关专家组成，坚持公平、公正、客观的原则进行采购评审。

三、询价
1. 需考虑的内容。
(1) 询价单位符合性鉴定：符合。
(2) 资格审查：均符合询价文件要求。
(3) 审核报价：均符合报价要求。
2. 评审。
评审工作依据国家相关的采购规定，遵循"公平、公正、公开、择优"的原则对提交资料的供应商进行评审，评审内容包括供应商的报价文件、资格资质要求、采购价格、交货条件等。

四、结论
结合以上结果，中标候选单位的名单如下表所示。

序号	候选单位名称	最终报价/元
1		
2		
3		

根据以上报价，最终确定供应商为_____。

五、附件
1. 供应商评审记录表（略）
2. 采购询价记录表（略）

5.1.7 流程 1：采购询价管理流程

采购询价管理流程如图 5-5 所示。

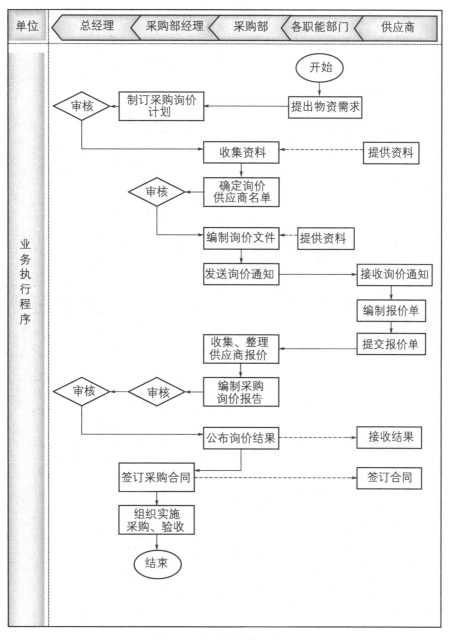

图 5-5 采购询价管理流程

5.1.8 流程 2：采购定价管理流程

采购定价管理流程如图 5-6 所示。

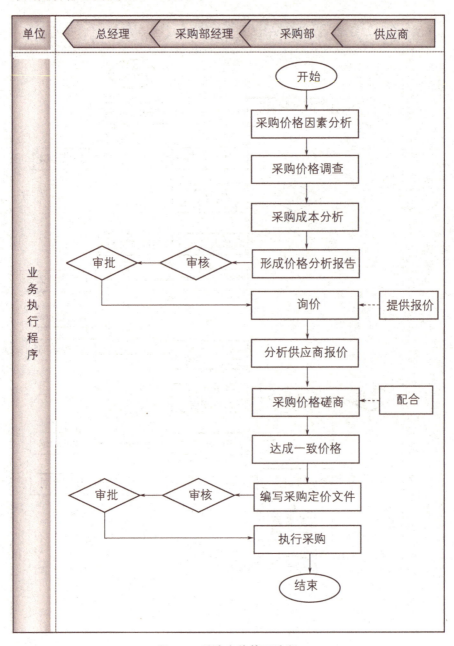

图 5-6 采购定价管理流程

5.1.9 制度1：采购询价管理制度

下面是采购询价管理制度。

制度名称	采购询价管理制度	编号	
		版本	

第1章　总则

第1条　目的。

为规范企业采购活动的询价工作，使采购询价工作顺利进行，并有效控制采购价格，提高采购管理水平，特制定本制度。

第2条　适用范围。

本制度适用于本企业询价采购活动。

第3条　职责划分。

1. 采购总监负责采购询价结果的审核。
2. 采购部经理组织并监督实施询价工作。
3. 采购专员负责落实企业采购的具体询价工作。
4. 相关部门提出采购需求并提供相关资料。

第2章　采购询价准备

第4条　明确询价采购的适用条件。

采购物资符合下列条件的，可以依照本制度采用询价方式采购。

1. 物资规格、标准统一。
2. 现货货源充足。
3. 价格变化幅度小。

第5条　不能采用询价方式采购的情况。

采购物资有下列情形之一的，不能采用询价方式采购。

1. 没有国家、行业标准，或者虽有国家、行业标准，但市场上的具体生产标准未统一的。
2. 采取订单形式生产、销售，或者虽不采取订单形式生产、销售，但市场上货源渠道有限，无法随时提供的。
3. 同类产品价格变化幅度较大的。
4. 其他不能采用询价方式采购的情形。

第6条　询价的内容。

采购询价过程中，采购专员应明确14点相关内容，如下图所示。

续表

询价需明确的内容
1. 采购物资的品名与料号　　8. 物资包装要求 2. 采购数量　　　　　　　　9. 运送方式、交货方式 3. 采购物资的规格信息　　　10. 交货地点 4. 采购物资的质量要求　　　11. 采购人员联络方式 5. 采购报价基础要求　　　　12. 报价到期日 6. 付款条件　　　　　　　　13. 保密协议内容 7. 交期要求　　　　　　　　14. 售后服务与保证期限

询价需明确的内容

第3章　实施采购询价办法

第7条　采购询价程序。

采购询价可按照采购询价程序进行，具体的询价程序如下所示。

1. 相关部门提出采购需求，经批准后由采购部经理制订询价计划。
2. 根据采购部经理安排，采购专员进行询价准备，收集相关资料，通过查阅供应商信息库和市场调查报告等方式掌握供应市场信息。
3. 采购专员根据市场调查与分析结果，选择符合询价条件的供应商名单，并交采购部经理审核确认。
4. 经采购部经理审核确认后，采购专员编制询价文件，并向询价供应商发出询价通知。
5. 采购专员应在规定的询价截止日期前收集所有供应商报价。
6. 采购专员在截止报价后，汇总并整理所有报价，经过对比分析，编制"采购询价报告"交送采购部经理审核。询价报告的内容如下图所示。

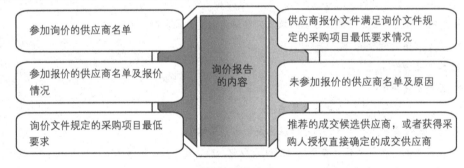

询价报告的内容

7. 经采购部经理审核并提出采购意见后，由采购总监对"采购询价报告"进行审批，确定候选的交易供应商。
8. 采购部根据采购价格执行具体采购活动。

第8条　采购询价作业要求。

1. 对于非初次采购的物资，采购专员应在供应商库中查询原供应商，并直接列入询价供应商名单。

续表

2. 在采购询价过程中,属于需附图纸或规范的物资,采购专员应在发送询价通知时,将附图纸或规范的要求发送询价供应商。

3. 在采购询价过程中,采购专员应明确报价期限,确保采购作业的时效性与公平性,对于逾期报价的供应商一律不予受理(经采购总监核准除外)。

4. 设备类物资询价单中应至少包含四项内容,如下图所示。

1	供应商必须提供设备运转若干年的质量承诺,保质期内所需的各项备品应由供应商无偿提供
2	供应商必须列举保质期满后保养所需的"备品明细单",包括品名、规格、单价、更换周期等,并注明备品价格的有效年限与日后调价原则
3	供应商必须提供设备的装运条件及其体积与重量
4	设备安装、试运行条件等

设备类物资询价单内容

第 9 条　询价失败。

1. 对于询价失败的采购,采购专员需将采购失败的原因汇报给采购主管,采购主管上报采购部经理,以便采购部经理采取措施进行处理。

2. 在询价过程中,有下列情形之一的,则询价失败。

(1) 参加询价的供应商均被淘汰的。

(2) 询价结束,供应商报价文件均不能满足询价文件规定的采购项目最低要求的。

(3) 供应商报价均超过采购预算或者本次采购项目最高限价的。

(4) 其他无法继续开展询价或者无法成交的情形。

3. 对于询价失败的,可采取取消采购、寻找替代品或重新选择供应商进行询价的办法。

第 4 章　附则

第 10 条　本制度由采购部制定、解释,自颁布之日起执行。

第 11 条　本制度由采购部修订,经总经理审批通过后生效,开始实施。

编制日期		审核日期		批准日期	
修改标记		修改处数		修改日期	

5.1.10　制度 2:采购价格管理制度

下面是采购价格管理制度。

制度名称	采购价格管理制度	编号	
		版本	

第1章 总则

第1条 目的。

为规范采购价格分析和采购价格审核等管理，确保采购物资质量的同时，实现降低成本的目标，特制定本制度。

第2条 适用范围。

1. 本制度所涉及的物资采购，既包括生产所需的各项原料、辅料、设备以及配件的采购，也包括公司所需办公物资的采购。

2. 公司物资采购价格的分析、审核和确认，除另有规定外，均依照本制度处理。

第3条 管理职责。

1. 采购部经理负责监督采购询价、议价工作，并负责采购价格的审批。

1. 采购价格主管负责采购价格的制定，以及议价结果的审核。

2. 采购专员负责采购价格信息的收集及询价、议价工作。

第2章 采购价格信息的收集

第4条 收集价格信息。

1. 采购专员必须经常分析或收集资料，作为降低成本的依据，本公司各有关部门人员，也有义务协助提供价格信息，以利于采购部比价参考。

2. 采购专员收集价格的相关资料时，可向物资供应商索取。

第5条 了解价格变动原因。

采购员、各采购价格审核人员在进行采购价格信息调查时，应注意尽可能多地了解物价变动的原因、变动的日期、变动将会持续的期间及其发展趋势等具体情况。

第3章 采购价格审核规定

第6条 询价、议价。

采购人员在企业有物资需求时，进行采购的询价、议价工作，具体的工作规定如下。

1. 采购专员应选择3家以上符合采购条件的供应商作为询价对象。

2. 供应商提供报价的物资规格与请购规格不同或属代用品时，采购专员应送采购需求部门确认。

3. 专业材料、用品或项目的采购，采购部应会同使用部门共同询价与议价。

4. 已核定的材料，采购部必须经常分析或收集资料，作为降低成本的依据。

5. 采购议价采取交互议价的方式。

6. 议价应注意品质、交期、服务兼顾。

第7条 采购成本分析。

1. 采购价格主管根据调查价格信息，对采购物资成本进行分析，确定物资成本的合理性和适当性。

2. 采购价格主管在进行成本分析时，应涉及的内容包括但不限于以下5个方面。

(1) 物资的制作方法和生产工艺。

续表

(2) 物资制作所需的特殊设备和工具。
(3) 物资生产所耗费的直接或间接的人工成本及材料成本。
(4) 物资生产制造所需费用或者外包费用。
(5) 物资营销费用、物资管理费用以及税收。
3. 采购价格主管进行成本分析时,可按照以下步骤进行。
(1) 确定采购产品的设计是否超过规格要求。
(2) 分析产品使用原材料的特性与必要性。
(3) 计算不同供应商所使用原材料的成本。
(4) 分析设备与工具的适应性与成本。
(5) 分析加工工序与作业条件。
(6) 分析压缩材料成本、人工成本、制造费用。
第8条 采购价格制定。
1. 采购价格主管根据成本分析的结果,采用成本加成法、市价法以及投资报酬率法等方法来确定所购物资的价格。
2. 物资价格包括物资的到厂价、出厂价、现金价、净价、毛价、现货价及合约价等。
3. 科学计算物资价格可以在采购过程中精确定供应商的价格底线,协助进行采购谈判。
第9条 采购价格审核。
1. 采购专员询价、议价完成后,于"询价、议价记录单"上填写询价或议价结果,必要时附书面说明。
2. 采购价格主管审核后认为需要再进一步议价时,退回采购专员重新议价。
3. 采购价格主管审核通过的价格,呈采购部经理审核,并呈总经理确认批准。
4. 采购部经理、总经理均可视需要再行议价或要求采购部进一步议价。
5. 按照采购核准权限规定,不论金额多寡,均应先经采购价格主管审核,再呈采购部经理与总经理核准。
第10条 采购价格变动处理。
1. 已核定的采购单价如需上涨或降低,应填写"采购价格审议表"重新报批,且附上书面原因。
2. 单价涨跌的审核,应参照新价格的审核流程执行。
3. 采购数量或频率有明显增加时,应要求供应商适当降低单价。

第4章 价款支付规定

第11条 物资订购。
1. 采购专员以订购单的形式向供应商订购物料,并以电话或传真形式确认交期。
2. 若属一份订购单多次分批交货的情形,采购专员应在订购单上明确注明。
3. 采购专员要控制物料订购交期,及时向供应商跟催交货进度。
第12条 价款支付审核。
1. 供应商提供的物资,必须经过本公司仓储部、质量管理部、采购部等部门人员的相关验收后,方能支付货款。
2. 在支付货款之前,采购专员需对下列7项内容进行审核。
(1) 确认订购单及供应商信息。

(2) 确认送到日期。
(3) 确认物料的名称与规格。
(4) 清点数量。
(5) 品质检验。
(6) 短缺与不合格品的处理。

第13条 采购付款。

1. 采购专员根据公司财务管理规定,在物料质量检验合格的情况下,会同财务部履行付款义务。

2. 常用的付款方式有信用卡付款、现金付款、汇票支付和托收付款等方式,采购付款方式说明和使用要点如下表所示。

采购付款方式说明和使用要求

付款方式	具体说明	特点	使用要求
信用卡付款	通过网络即时向供应商账户支付的一种方式	付款成功后,所支付的款项将立刻进入供应商的账户	供应商愿意使用信用卡付款时,公司才能使用其进行付款
现金付款	企业直接使用库存现金支付款项的一种付款方式	使用现金支付能换来更多的优惠折扣,手续简单	在公司资金充足和银行利率较低的情况下使用
汇票支付	公司签发汇票给供应商,约定时间或期限支付货款的付款方式	票据具有一定时间的贴现期,公司可将相应的资金用于其他方面投资而获得投资回报	一般情况下,公司鼓励使用票据付款
托收付款	供应商发出物资,委托银行收款,公司根据购销合同核对采购物资的验收单据后,向银行承兑付款的一种付款方式	托收付款对采购人员比较有利,减少了不少风险,也节省了很多费用	比较适合国有企业和有一定信誉的大中型民营企业

3. 采购付款的时间包括预付款、一次性付款、分期付款和延期付款。

(1) 资金不够充裕时,预付款可能导致公司资金不足、丧失其他投资机会等损失,而供应商的优惠政策无法弥补这些损失时,公司需尽可能采用分期付款、延期付款的方式支付款项。

(2) 公司资金相对充裕,而一次性付款其优惠折扣够高时,公司可采取货到一次性支付货款。

(3) 在公司资金短缺时,公司需尽可能以分期付款、延期付款的方式支付款项。

续表

第 5 章　附则				
第 14 条　本制度由采购部制定,其修改权、解释权归采购部所有。				
第 15 条　本制度由总经理审核批准后方可执行。				
编制日期		审核日期		批准日期
修改标记		修改处数		修改日期

5.2　采购成本控制

5.2.1　风险点：采购成本是否控制在合理区间

采购成本是构成企业产品成本和产品价格高低的重要因素。为了合理地对采购成本进行控制,企业至少需对图 5-7 所示的 3 方面的工作进行有效把控。

图 5-7　采购成本是否控制在合理区间的风险说明

5.2.2　方法：采购成本控制 6 大方法

控制采购成本是采购工作中最重要的环节之一,而采购人员有效开展采购成本控制的前提是了解可用来控制采购成本的方法,并进行灵活运用。采购成本控制方法有很多种,下面介绍其中常用的六种,如图 5-8 所示。

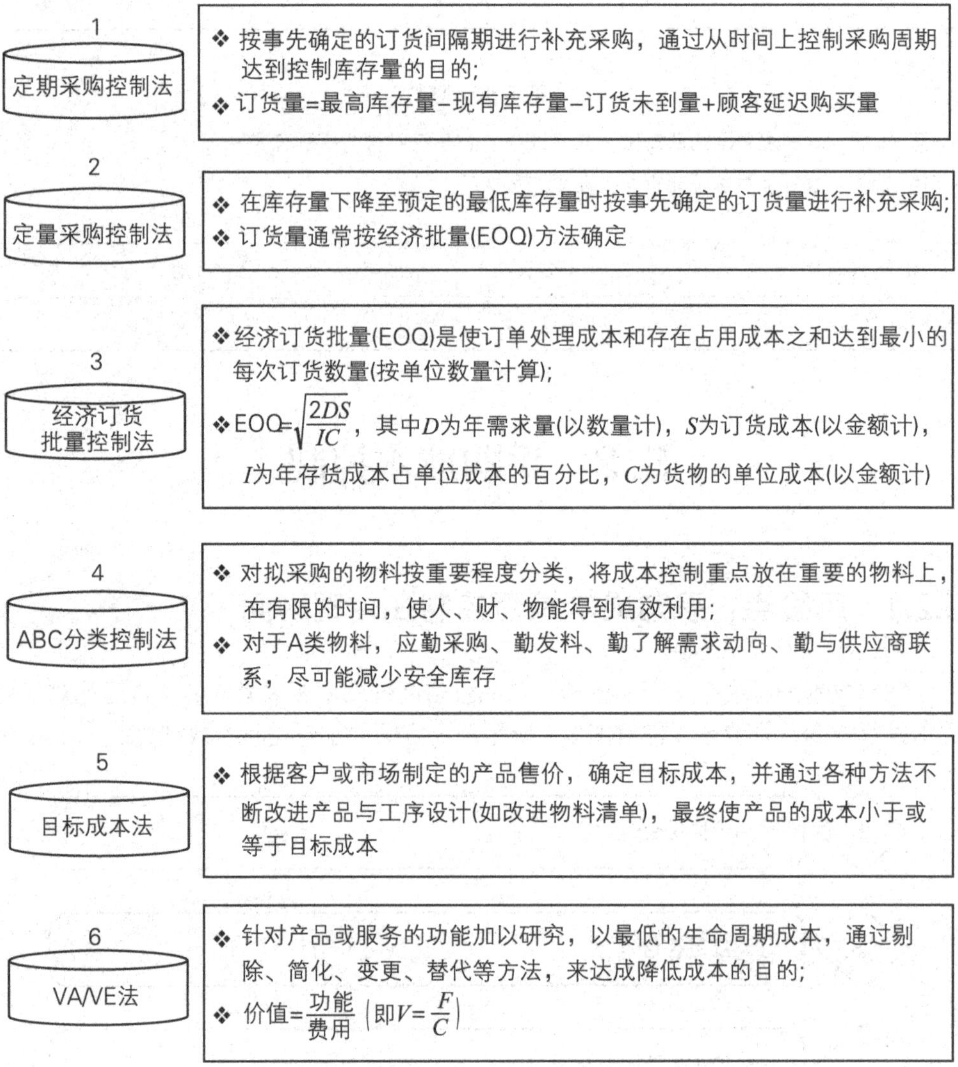

1 定期采购控制法	❖ 按事先确定的订货间隔期进行补充采购，通过从时间上控制采购周期达到控制库存量的目的； ❖ 订货量＝最高库存量－现有库存量－订货未到量＋顾客延迟购买量
2 定量采购控制法	❖ 在库存量下降至预定的最低库存量时按事先确定的订货量进行补充采购； ❖ 订货量通常按经济批量(EOQ)方法确定
3 经济订货批量控制法	❖ 经济订货批量(EOQ)是使订单处理成本和存在占用成本之和达到最小的每次订货数量(按单位数量计算)； ❖ $EOQ = \sqrt{\dfrac{2DS}{IC}}$，其中 D 为年需求量(以数量计)，S 为订货成本(以金额计)，I 为年存货成本占单位成本的百分比，C 为货物的单位成本(以金额计)
4 ABC分类控制法	❖ 对拟采购的物料按重要程度分类，将成本控制重点放在重要的物料上，在有限的时间，使人、财、物能得到有效利用； ❖ 对于A类物料，应勤采购、勤发料、勤了解需求动向、勤与供应商联系，尽可能减少安全库存
5 目标成本法	❖ 根据客户或市场制定的产品售价，确定目标成本，并通过各种方法不断改进产品与工序设计(如改进物料清单)，最终使产品的成本小于或等于目标成本
6 VA/VE法	❖ 针对产品或服务的功能加以研究，以最低的生命周期成本，通过剔除、简化、变更、替代等方法，来达成降低成本的目的； ❖ 价值＝$\dfrac{功能}{费用}$（即 $V = \dfrac{F}{C}$）

图 5-8　采购成本控制方法简介图

5.2.3　节约策略 1：集中采购

集中采购是将各部门的需求集中起来，不但采购方便，而且可以较大的采购筹码得到较好的数量折扣价格。该策略可以极大地增加议价空间，获取更多的采购优惠。

在采用此策略时，需做到以下 3 点。

5.2.3.1 实施集中管理

实施集中管理即采购计划的制订、采购的实施与供应的工作都需集中于采购管理部门,这样便于发挥集中采购的优势。

5.2.3.2 制订合理的采购计划

采购部门需根据企业经营的实际,制订出合理的采购计划,在确保物资供应得到满足的同时,避免材料储存过多,积压资金。这就要求一方面企业各部门根据业务的需要及时提供物资需求计划,并将其汇总至采购部门;另一方面各部门之间需加强沟通,确保计划提供的准确性。

5.2.3.3 加强对供应商的管理

采购部门需建立完善的供应商档案,并根据供应商的材料供应情况对其进行分级评定,及时更新供应商名册,形成优胜劣汰的管理机制。

5.2.4 节约策略2:借助信息管理系统

在信息时代,采购人员可以运用互联网对采购信息进行整合处理,再通过互联网提供的信息,对供应商的价格、质量、服务等进行比较,再确定供应商,进而实施采购。

企业通过网络建立一套完善的采购系统,一方面实现及时订购;另一方面,提升效率的同时也降低了采购成本。

5.2.5 工具1:成本预算表

成本预算表如表5-2所示。

表5-2 成本预算表

物资名称	代码	第1季度		第2季度		第3季度		第4季度		合计	
		数量	金额	数量	金额	数量	金额	数量	金额	数量	金额

5.2.6 工具2：成本费用单

成本费用单如表5-3所示。

表5-3 成本费用单

物资		价格		采购地区		运输费用		取得成本		付款条件	付款方式
名称	代码	内销	外销	国别	供应商	金额	方式	内销	外销		

5.2.7 工具3：采购成本计算表

采购成本计算表如表5-4所示。

表5-4 采购成本计算表

材料名称	人工费		运杂费		采购价		仓储费		采购成本合计	
	单位成本	总成本	单位成本	总成本	单位成本	总成本	单位成本	总成本	单位成本	总成本
合计										

5.2.8 文案：定期采购成本控制方案

下面是定期采购成本控制方案。

文案名称	定期采购成本控制方案	执行部门	
		版本	

一、目的

为了有效控制采购成本，避免缺货情况，并保证物资库存保持在合理水平，特制定本方案。

二、定期采购适用条件

采购部采用定期订货方式，除了定期对物料进行检查核实确认库存量以外，还应考虑与该物资的经济定购批量相近，以提高物资库存控制的经济效益，定期采购的适用条件如下。

1. 一般是用于品种少而价值高的物资种类。
2. 只适用于单一物资，或经处理可运用于几种物资的联合采购情况。
3. 同时适用于随机性需求和确定型（计划型）需求。

三、定期采购实施

在定期采购模型中，采购需求随着订货周期内生产量的变化而变化，因此，为达到目标库存水平 Q_{max}，需要订货的数量也随之变化。

例如，某公司生产 A 产品，使用零件×的日均需求量为 220 件，零件×采购提前期为 15 天（工作日），库存检查周期为 30 天（工作日），该物资的存储费率为 20％，安全库存为 2200 件。

（一）确定最高库存水平

目标库存水平包括两部分：一部分是订货周期与提前期内的平均需求量；另一部分是为保证生产经营而设置的零件×的安全库存。

$$最高库存水平\ Q_{max}=220\times(15+30)+2200=12100\ （件）$$

（二）定期检查库存

仓管员按照 30 个工作日日的采购周期进行库存盘点，记录盘点零件×的库存数量为 3500 件，向采购部提出采购申请。

（三）确定订购量

采购部根据最高库存水平以及实际库存量，计算出零件×此次采购的订购批量 Q，具体计算公式如下。

$$Q=12100-3500=8600\ （件）$$

（四）后期跟进

采购部、仓储部以及其他相关部门对接单供应商的执行情况进行跟踪、监督管理。

四、执行要点

1. 定期采购法容易使库存量过大，库存费用过高，造成库存浪费。仓管员应及时向采购部门反映库存的真实情况。

2. 每隔一段时间，各相关部门应对供应商供货情况进行评价，并根据生产计划适当修正订购周期和库存标准，以确保定期采购对生产工作的辅助作用。

5.2.9 流程 1：采购成本控制流程

采购成本控制流程如图 5-9 所示。

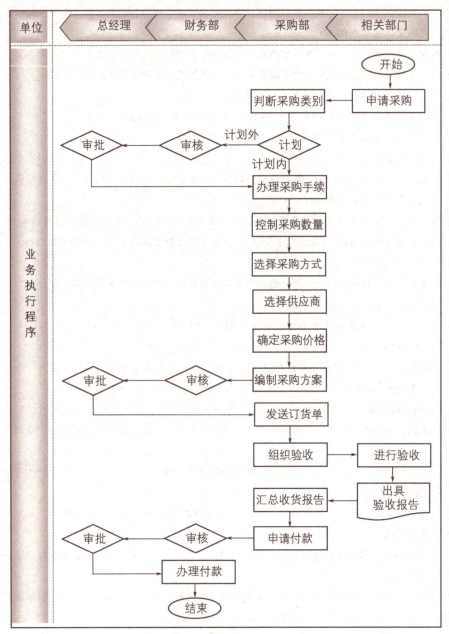

图 5-9 采购成本控制流程

5.2.10 流程2：采购成本核算流程

采购成本核算流程如图5-10所示。

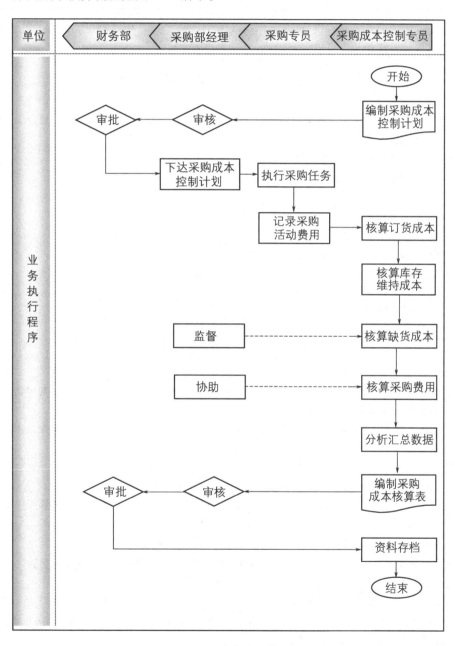

图5-10 采购成本核算流程

5.2.11 制度1：采购成本管控制度

下面是采购成本管控制度。

制度名称	采购成本管控制度	编号	
		版本	

第1章 总则

第1条 目的。

为了加强采购成本控制，降低采购成本，提高企业竞争力，根据国家有关规定，结合企业实际情况，特制定本制度。

第2条 适用范围。

本制度适用于采购成本管控相关工作。

第3条 采购成本构成。

采购成本包括维持成本、订购成本及缺料成本。

第4条 采购成本控制要点。

公司采购成本控制包含对采购申请、计划、询价、谈判、合同签订、采购订单、物资入库、货款结算等采购作业全过程的控制，采购成本管控的关键点如下。

1. 确定最优的采购价格。
2. 确定合理的采购订货量。
3. 确定合适的交货和付款方式。

第2章 采购计划与预算管控

第5条 制订采购计划。

1. 常备物资的采购计划由采购部相关人员根据采购申请、库存情况及物资需求计划制订，经采购部经理审核后报总经理审批。
2. 其他物资采购计划由采购部相关人员根据各部门的采购申请制订，经采购部经理审核后报总经理审批。

第6条 制订采购预算。

1. 制订采购计划的同时，采购部需制订相应的采购预算并报送财务部审核。
2. 财务部汇总各类预算，进行采购预算试算平衡，经总经理审批后，采购部严格执行采购预算。

第7条 采购计划变更。

采购部在执行采购过程中必须严格执行采购计划，采购计划变更必须经总经理签字确认后方可执行。

第8条 临时采购或紧急采购。

未列入采购计划内的物资如需临时采购或紧急采购，采购部应填写临时/紧急采购申请表，经总经理审批后才能列入采购范围。

续表

第3章 采购价格管控

第9条 采购物资限价。

采购部进行物资采购时需填制采购申请表,其中的价格要严格执行财务部核定的物资采购最高限价。

第10条 确定采购方式。

采购方式包括招标采购、供应商长期定点采购、比价采购等,采购部通过对各种采购方式的对比,找出成本最低的采购形式组合,以达到降低采购成本的目的。

第11条 确定采购定价流程。

采购定价主要经历询价、比价、估价、议价等阶段。

第12条 采购价格执行。

如果实际物资采购价格低于最高限价,公司将给予采购经办人一定比例的奖励;如果实际采购价格高于最高限价,则必须获得财务部核价人员的确认和总经理的批准后方可执行采购。

第4章 采购订货量管控

第13条 库存物资信息反馈。

仓储部仓管员应每日填写物资库存日报表,反映现有存货物资的名称、单价、存储量、储存位置等信息,并及时将信息反馈给采购部。

第14条 未达存货信息反馈。

采购部应要求供应商或第三方物流的库房保管人员通过传真、电子邮件等方式,及时提供已订货物资的未达存货日报表。

第15条 确定最佳安全库存。

采购部协助仓储部根据物资采购耗时的不同及货源的紧缺程度,借助历史经验的估计、数学模型测算等方法确定安全库存量。

第16条 确定最佳订货量。

采购部人员应充分分析现有库存量、货源情况、订货所需时间、物资需求量、货物运输到达时间等因素,结合各种货物的安全存货量确定最佳订货量及订货时点。

第5章 采购入库及付款管控

第17条 采购部办理采购物资入库时,若不同时具备以下两个条件,仓储部一律不予受理。

1. 到库物资的价格、质量、数量、规格型号等符合采购订单的要求。
2. 到库物资经质检部检验合格。

第18条 采购物资付款时,若不同时具备以下三项条件,财务部一律不予付款。

1. 已经列入当期货币资金支出预算。
2. 双方往来账核对无误。
3. 付款申请单已经财务部经理签字批准。

第6章 附则

第19条 本制度由采购部制定、修订和解释。

第20条 本制度自颁布之日起执行。

编制日期		审核日期		批准日期	
修改标记		修改处数		修改日期	

5.2.12 制度2：采购成本控制考核办法

下面是采购成本控制考核办法。

制度名称	采购成本控制考核办法	编号	
		版本	

第1章 总则

第1条 目的。

为了规范本公司采购成本控制工作的考核评估工作，有效控制公司采购成本，提高相关员工的工作积极性，提升本公司的市场竞争力，特制定本办法。

第2条 适用范围。

本办法适用于本公司所有物资的采购成本管理工作。

第3条 管理职责。

1. 采购部负责提供采购成本控制考核所需材料，并积极配合采购成本控制考核工作。
2. 人力资源部负责按照考核周期规定，计划、组织并实施对采购成本控制人员的考核工作，并根据考核结果对相应人员进行奖惩处理。
3. 采购部、财务部及其他相关部门成员组成采购成本评估小组，具体负责下列事项。

(1) 根据公司各部门在采购成本控制工作中的工作成效，并综合成本计划的完成情况，每半年对采购成本管理的相关部门进行一次综合考评。

(2) 考评结束后，有采购成本评审小组负责编制并提交采购成本评估报告。

第2章 采购成本管理工作考核

第4条 采购成本考核周期。

公司规定采购成本考核工作，按照月度、季度以及年度周期进行，采购成本控制考核情况一览表如下表所示。

采购成本控制考核情况一览表

考核周期	考核实施时间	考核结果应用方向
月度考核	次月1~5日	◆月度员工绩效考核评定
季度考核	下一季度第一个月的1~10日	◆薪资、职位调整 ◆季度培训计划安排与季度奖金评定
半年度考核	每年1月和7月20~25日	◆薪资、职位调整 ◆采购成本控制奖金的评定
年度考核	次年1月1~15日	◆薪资、职位调整 ◆年度培训计划安排与年终奖金评定

续表

第 5 条 采购成本控制考核办法。

人力资源部和采购成本评估小组在执行考核工作时，应主要参照下图所示两种方法进行。

目标管理法	要素评价法
◆运用采购部各项考核指标，通过对比实际成果和目标值，衡量采购成本控制的工作成效	◆将定性考核与定量考核结合起来对采购成本控制工作进行考核

采购成本控制考核办法

第 6 条 采购成本控制考核指标。

人力资源部在进行采购成本控制绩效考核前应确定考核指标并严格执行，采购成本控制考核指标一览表如下表所示。

采购成本控制考核指标一览表

考核指标	考核周期	指标目标值
成本降低指标	年度	成本降低金额达到____万元
平均库存成本	年度	平均库存成本不超过____万元
存货管理成本	年度	不超过公司预算____万元
仓储成本	月/季/年度	月度仓储成本在____万元以下 季度仓储成本在____万元以下 年度仓储成本在____万元以下
装卸成本	季/年度	季度装卸成本在____万元以下 年度装卸成本在____万元以下
差旅成本	月/年度	月度差旅成本在____万元以下 年度差旅成本在____万元以下
缺货成本	月度	月度缺货成本在____万元以下
缺货次数	月/年度	月度缺货次数在____次以下 年度缺货次数在____次以下
进货检验成本	月/年度	月度进货检验成本在____万元以下 年度进货检验成本在____万元以下
失销成本	年度	年度失销成本在____万元以下
客户流失数量	年度	0

第 7 条 采购成本考核实施控制。

相关考核管理人员必须坚持公正、公平、认真、负责的原则和态度，在规定时间内完成考核工作。一经发现渎职现象，将给予相关人员降职、扣除当月考核绩效奖或扣分处理。

续表

采购专员应全面、积极地配合实施绩效考核,不得弄虚作假或隐瞒事实,一经发现,违反者当月考核分数计零,并扣除当月奖金,情节严重者给予停职、降职或辞退处理。

第 8 条　年度考核结果运用。

采购成本控制年度考核的结果可直接应用于本公司员工晋升、培训以及薪酬调整等人事决策上,如下表所示。

年度考核结果应用对照表

评定等级	分值/分	考核结果应用
优秀	90~100	薪酬上调两个等级或升职一级,绩效薪资全额发放
良	80~90	薪酬上调一个等级,绩效薪资全额发放
中	70~80	薪酬待遇保持不变,绩效薪资全额发放
一般	60~70	薪资待遇保持不变,绩效薪资发放 80%
差	<60	绩效薪资不发放

第 3 章　采购成本控制效果评估

第 9 条　采购成本控制指标。

采购成本控制效果评估工作,采购人员可通过比对采购成本控制指标目标值和实际结果进行评估,主采购成本控制指标主要包括单价降低金额、年度成本降低金额以及成本降低与预计目标差异三项指标,主采购成本控制指标计算公式对照表如下表所示。

主采购成本控制指标计算公式对照表

指标名称	计算公式
单价降低金额	单价降低金额=原单价-新单价
年度成本降低金额	年度成本降低金额=(原单价-新单价)×年度采购量
成本降低与预计目标差异	成本降低与预计目标差异=实际成本降低金额(每单位或每年)-预计成本降低金额(每单位或每年)

第 10 条　采购成本降低的奖励措施。

公司应对出色完成采购成本控制任务的员工给予一定的现金奖励,如下表所示。

采购成本降低的现金奖励对照表

降低方式	具体情况	现金奖励标准
直接降低采购成本	在采购执行过程中,通过降低采购价格、减少运费支出等直接途径	◆直接采购成本降低____元以内的,奖励人民币____元 ◆直接采购成本降低____元~____元的,奖励人民币____元 ◆直接采购成本降低____元以上的,奖励降低额度的____%
间接降低采购成本	在采购执行过程中,通过实现采购标准化,提高采购效率等间接途径	◆间接采购成本降低____元以内的,奖励人民币____元 ◆间接采购成本降低____元~____元的,奖励人民币____元 ◆间接采购成本降低____元以上的,奖励降低额度的____%

续表

第 4 章 附则				
第 11 条 本办法由采购部、人事部以及财务部共同制定,并负责办法的解释和修订。 第 12 条 本办法经公司总经理审批通过后,自颁布之日起实施。				
编制日期		审核日期		批准日期
修改标记		修改处数		修改日期

第6章

采购谈判管控

6.1 采购谈判技巧与策略

6.1.1 主要采购谈判技巧

6.1.1.1 掌握入题技巧

(1) 迂回入题

为避免洽谈时单刀直入、过于暴露，影响采购谈判的融洽气氛，洽谈时可以采用迂回入题的方法，即先从题外话入题，从介绍己方洽谈人员入题，从"自谦"入题，或者从介绍本企业的生产、经营、财务状况入题等。

(2) 先谈一般原则，再谈细节

一些大型的采购洽谈，由于需要洽谈的问题千头万绪，双方高级洽谈人员不应该也不可能介入全部谈判，往往要分成若干等级进行多次谈判。这时就需要采取先谈原则问题，再谈细节问题的方法入题。一旦双方就原则问题达成了一致，那么洽谈细节问题也就有了依据。

(3) 先谈细节，后谈原则性问题

围绕采购谈判的主题，先从洽谈细节问题入题，条分缕析，丝丝入扣，待各项细节问题谈妥之后，也就自然而然地达成了原则性的协议。

(4) 从具体议题入手

大宗采购谈判总是由具体的一次次谈判组成。在具体的每一次谈判会上，双方首先确定本次会议的谈判议题，然后从这一议题入手进行洽谈。

6.1.1.2 掌握阐述技巧

(1) 开场阐述

采购谈判入题后，接下来就是双方进行开场阐述，这是洽谈的一个重要环节。己方开场阐述及对对方阐述的应对如表 6-1 所示。

(2) 让对方先谈

在洽谈中，当己方对市场态势和产品定价的新情况不太了解，或者当己方尚未确定购买产品，或者己方无权直接决定购买与否的时候，一定要坚持让对方首先说明可提供何种产品、产品的性能如何、产品的价格如何等，然后再慎重地表达意见。有时即使己方对市场态势和产品定价比较了解，有明确的购买意图，而且能直接决定购买与否，也不妨先让对方阐述利益要求、报价和介绍产品，然后在此基础上再提出自己的要求。这种先发制人的方式，常常能收到奇效。

表 6-1　己方开场阐述及对对方阐述的应对

项目	具体内容	项目	具体内容
己方阐述	①开宗明义，明确本次会谈所要解决的主题，以集中双方的注意力，统一双方的认识 ②表明己方通过洽谈应当得到的利益，尤其是对己方至关重要的利益 ③表明己方的基本立场，可以回顾双方以前合作的成果，说明己方有对方所享有的信誉；也可以展望或预测今后双方合作中可能出现的机遇或障碍；还可以表示己方可采取何种方式为共同获得利益作出贡献等	对方阐述的应对	①认真耐心地倾听对方的开场阐述，归纳对方开场阐述的内容，思考和理解对方的关键问题，以免产生误会 ②如果对方开场阐述的内容与己方意见差距较大，不要打断对方的阐述，更不要立即与对方争执，而应当先让对方说完，认同对方之后再巧妙地转移话题，从侧面进行谈判

（3）坦诚相见

采购谈判中应当提倡坦诚相见，不但将对方想知道的情况坦诚相告，而且可以适当透露己方的某些动机和想法。

（4）正确使用语言

在采购洽谈中，要注意语言的正确使用，如表 6-2 所示。

表 6-2　采购洽谈语言的使用

语言运用	具体说明
规范通俗	在洽谈中，所使用的语言要规范、通俗，使对方容易理解，不致产生误会
简明扼要	语言要简明扼要，具有条理性
语言准确	①在洽谈中，当对方要己方提供资料时，则第一次就要说准确，不要模棱两可，含糊不清 ②如果对对方要求提供的资料不甚了解，应延迟答复，切忌脱口而出 ③要尽量避免使用含上下限的数值，以防止波动
语言丰富	①洽谈过程中使用的语言，应当丰富、灵活、富有弹性 ②对于不同的谈判对手，应使用不同的语言 ③如果对方谈吐优雅，己方用语也应十分讲究 ④如果对方语言朴实无华，那么己方用语也不必过多修饰

6.1.1.3　掌握提问与答复技巧

（1）提问技巧

采购提问时应注意提问方式的选择、提问时机的把握和其他注意事项。

a. 提问方式，包括封闭式提问、开放式提问、婉转式提问、澄清式提问、探索式提问、借助式提问、强迫选择式提问、引导式提问和协商式提问。

b. 提问时机，在对方发言完毕时提问，在对方发言停顿、间歇时提问，在自己发言前后提问，在议程规定的辩论时间提问。

c. 提问时，要注意提问的速度，提问后给对方足够的答复时间，提问时应尽量保持问题的连贯性。

(2) 答复技巧

答复不容易，因为回答的每一句话都会被对方理解为是一种承诺，都要对其负责任。采购答复时要注意以下 6 点。

a. 保留余地，即不要彻底答复对方的提问，保留余地，取得谈判的主动权。

b. 要针对提问者的真实心理进行答复。

c. 采取谈判技巧，降低提问者追问的兴趣。

d. 在答复时，要让自己获得充足的思考时间。

e. 要有礼貌地拒绝不值得回答的问题。

f. 如果可能，应尽可能利用各种方法找借口拖延答复。

6.1.1.4 掌握说服技巧

要想说服对方，首先必须要分析对方的心理和需要，做到有的放矢；其次，语言必须亲切、富有号召力；最后，必须有充足的耐心，不宜操之过急。

说服也是实力和技巧的竞争。因此，要想取得谈判的胜利，必须掌握 4 个说服技巧，如图 6-1 所示。

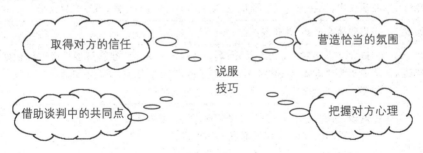

图 6-1 说服技巧

6.1.1.5 掌握推动谈判技巧

(1) 总结

对刚完成的采购谈判进行小结，明确哪里成功、哪里不对、哪里要改，对方如何，这对以后的谈判都有帮助。

（2）召开小组会议

小组会议可以解决采购谈判小组内的分歧，对战略战术修订很有帮助。

（3）提升谈判中的洞察力

采购人员要通过表象发现背后存在的问题，便于取得谈判的优势。

6.1.2 策略：采购还价策略

采购价格谈判是采购方与供应商之间讨价还价的过程。作为一名采购人员，应掌握还价的策略。采购还价策略如表 6-3 所示。

表 6-3 采购还价策略

策略	内容说明
化整为零	采购人员在还价时可以将价格集中起来，化零为整，化小为大，这样可以在供应商心理上造成相对的价格昂贵感，收到比用小数目进行报价更好的交易效果。这种报价的要点是把小单位的价格换算成大单位的价格。如将以"公斤"为单位改为以"吨"为单位等
欲擒故纵	买卖双方势力均衡，此时采购方不应流露出采购的意愿，而应从"试探性地询价"入手，用以了解供应商的态度，进而为自己争取到更优惠的采购条件
迂回战术	在供应商占优势，正面议价效果不好的情况下，采购方可采取迂回战术来进一步完成采购工作
目标分解策略	根据对方的报价，将不能让步的问题、交易条件和可以考虑让步的项目，分别列出，并据此与供应商进行议价
条件还价策略	即以让步换取让步。若供应商不愿在价格上做让步，则采购方在同意价格的同时，要求对方放宽其他条件

6.2 采购谈判管理

6.2.1 风险点 1：策略选择不当

在企业采购谈判的过程中，采购谈判策略的选择非常重要，它直接关系到谈判的结果及采购成本，与供应商的关系等，因此企业对此十分重视。那么采购策略选择不当有哪些风险呢？策略选择不当的风险说明如图 6-2 所示。

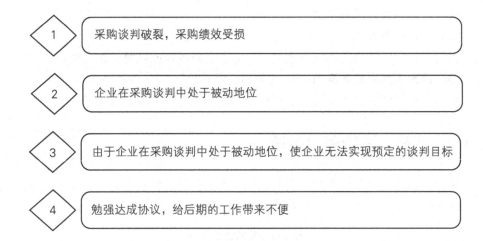

图 6-2　策略选择不当的风险说明

6.2.2　风险点 2：缺乏谈判经验

采购谈判人员缺乏经验，可能会导致谈判过程中企业处于下风，不利于采购谈判工作的顺利开展。缺乏谈判经验的风险说明如图 6-3 所示。

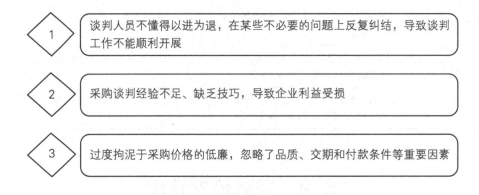

图 6-3　缺乏谈判经验的风险说明

6.2.3　选择：谈判策略选择

谈判策略的选择对采购人员来说是一件很重要的工作。谈判高手通常都愿意花时间去研究这些策略，以求达到最好的采购绩效。因此采购人员在进行采购谈判时，需灵活选择合适的谈判策略。

6.2.3.1 依据对手的态度制定策略

在商务谈判中,对手的态度对谈判能否顺利进行有着直接的影响,采购谈判工作亦是如此。

(1) 合作型谈判对手的策略

合作型谈判对手则具有强烈的合作意识,注意谈判双方的共同利益,期望达成双方满意的结果。对于这类谈判对手的策略,可采取"因势利导策略""感情沟通策略"等方式,这样便于双方在互利互惠的基础上尽快达成协议。

(2) 不合作型谈判对手的策略

在进行采购谈判时,可能会遇到这样的谈判对手,他们不断否定或抨击采购方提出的建议,也不关心如何使双方的利益都得到满足。遇到这种情况,可采取避免争论策略、迂回策略等,以促成采购谈判的顺利进行。

6.2.3.2 依对手的实力制定策略

面对实力较强的谈判对手,采购方要加强自我保护,不在对方的压力下达成不利于己方的协议。在进行采购谈判时,可采取"以退为进""底线策略"等方式。

反之,当采购方占据主动权时,则可采取"先声夺人策略"等方式,来为自身争取到更多的优惠条件。

6.2.4 经验:与不同性格的人谈判

性格是指在人对现实的态度和相应的行为方式中的比较稳定的、具有核心意义的个性心理特征。在采购谈判过程中,决策人的性格对于谈判的进度和结果起着不可忽视的作用。

那么对待不同性格的决策人,企业需要积累哪些经验呢?与不同性格的人谈判的策略说明如表 6-4 所示。

表6-4 与不同性格的人谈判的策略说明

不同性格的决策人		策略
执行型谈判对手	①偏好于有秩序、没有太大波折的谈判; ②对领导的安排和指示,以及事先做好的计划坚决执行,全力贯彻。缺乏自己的主张和见解	①多用事实资料和信息来提升自己的可信度; ②营造一对一谈判的局面,将谈判分解为有明确目标的不同阶段,这样,容易获得对方的配合,使谈判更有效率

续表

不同性格的决策人		策略
权力型谈判对手	①敢于冒险,喜欢挑战、决策果断,缺乏耐性; ②他们以对他人和对采购谈判局势施加影响来获取满足感,希望自己是谈判的主导者	①在谈判中具备相当的耐心,靠韧性取胜。即使对方态度恶劣,也要保持冷静; ②努力创造一种温和简单的气氛。在个人谈判中,正面冲突应最好避免; ③尽可能利用数据来证明自己观点的真实性,必要时,提供大量的、有创造性的信息,促使对方接受自己的观点
说服型谈判对手	①具有良好的人际关系,别人的鼓励和受到大众的认可对他们来说非常重要; ②处理问题不会盲从,较为谨慎	①要在注重礼仪的前提下,保持进攻的态势,让对方产生紧张不适应之感; ②努力营造一对一的谈判形式。说服者群体意识强,他们善于利用他人造成有利于自己的环境氛围,单独工作会使他们的优势无法最大限度发挥; ③善于夸奖别人,但是也要注意夸奖的分寸,不能过度
疑虑性谈判对手	①对细节观察仔细; ②犹豫不定,对问题考虑慎重,不敢轻易下结论。在关键时刻,如签合同、选择方案等问题上,不能当机立断	①提出的建议和方案务必准确具体,避免使用"大概""差不多"等模棱两可的词语,要观点清楚,论据充分; ②谈判中耐心、细心十分重要,切忌催促、逼迫对方,免得加重对方的疑心; ③在陈述问题的同时,留出充足的时间让对方思考,并提出详细的数据说明; ④在谈判中要尽量保持诚实的态度,便于为下次的合作奠定良好的基础

第7章

采购效率与绩效管控

7.1 采购效率管控

7.1.1 风险点：采购效率低

采购效率是指企业为完成采购业务所花费的精力、时间、费用等和所取得成果之间的比较。

采购部门作为一个企业经营链关键环节，其采购效率的高低直接影响着企业正常的工作进程。带来采购效率低风险的原因如图 7-1 所示。

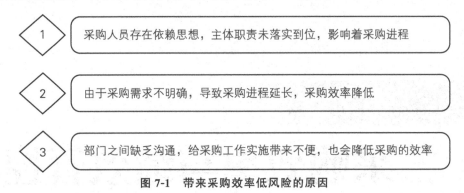

图 7-1　带来采购效率低风险的原因

7.1.2 影响因素：4 大影响因素

企业在进行采购的过程中，由于招标人员、招标代理机构、采购人员的不同，会因需求描述不清、采购方式选择不合理等因素影响到采购效率，其具体分析如下。

7.1.2.1　需求描述不清晰的影响

由于产品的特点、特性各有不同，因此对于采购人员来说，难以对所有产品都熟悉。因此，对采购物资需求的描述是否清晰细致则会成为影响采购效率的一个重要原因。

7.1.2.2　采购方式选择不合理的影响

不同的采购方式，其效率是不一样的，在都合法合规的情况下，公开招标与邀请招标的时限就较长,其效率就低于竞争性谈判、询价采购、单一来源采购这三种采购方式。由此可见,不同的采购方式也会影响采购的效率。

7.1.2.3 采购程序的影响

企业采购程序是制约企业采购效率的又一影响因素。我们知道,如果在设计采购程序时,未考虑或过分考虑多方因素,会造成环节多、未突出重点、关键环节考虑不足等问题,容易导致权责不明,部门之间互相推诿,甚至会导致采购失败,严重影响采购效率。

7.1.2.4 采购人员素质的影响

在实际操作过程中,由于采购人员自身业务素质的影响,造成资质审核不严、标书发放时有疏漏、信息发布失误等差错,这将会影响采购工作的顺畅进行,直接影响到采购效率。相反,对于业务素质较强的人员,则会在标书制作、供应商资质考核等方面较快完成,可节省时间,提高采购效率。因此,提高采购人员的业务素质对提高采购效率非常重要。

7.1.3 提升策略:4点提升策略

采购部门是一个对内沟通对外协调的部门,只有明确公司内部的需求,才能对外有准确的执行标准,才能减少采购时间、提升采购效率。然而因为各部门之间的工作各有特点,在采购工作的执行过程中,难免会存在影响采购效率的行为。那么,哪些方式可以提高采购效率呢?

7.1.3.1 明确采购责任、采购目标和各岗位采购职责

在采购进行之前,各部门、各岗位要明确自身职责,如采购部负责采购、其他部门负责配合、采购人员负责采购事项的具体实施等。只有大家各司其职,才能在实际的采购实施过程中,最大限度地提高沟通的效率,进而提高采购效率。

7.1.3.2 采购人员掌握专业知识

在与供应商进行沟通的过程中,采购人员如果对本专业知识很了解,如对自身主要采购物料的原材料、加工工艺、市场行情等都了如指掌,则其较容易在采购过程中占据主导地位,进而提高采购效率。

7.1.3.3 合理规划订单交期

采购人员在与供应商签订合同之前,应先确定交货方式、运输路线、交货时间

等，并向承运商提供建议，确保不因物流因素导致交期延误。

7.1.3.4 明确交期违约责任

企业采购人员在确定供应商之后，在明确交货期限的基础上，同供应商达成对交期违约责任的共识，并形成合同条款，也可以在一定程度上控制采购周期，提高采购效率。

7.2 采购绩效管控

7.2.1 风险点1：绩效指标设计不合理

采购人员绩效指标要在部门目标和个人目标的基础上进行设计，绩效指标设计不合理的风险表现如图7-2所示。

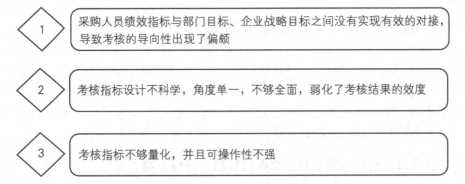

图7-2 绩效指标设计不合理的风险表现

7.2.2 风险点2：绩效考核标准不规范

采购绩效考评标准设定不规范，会给企业的采购绩效考核工作带来负面的影响。绩效考核标准不规范的风险表现如图7-3所示。

7.2.3 关键点：绩效指标设置

在采购绩效管理工作中，绩效指标设置的合理与否关系着绩效管理工作能否达到改善员工绩效、提高组织绩效的预期效果。

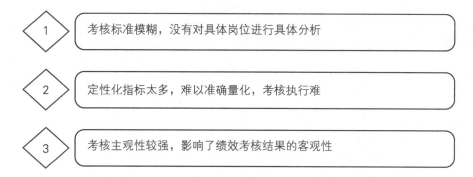

图 7-3 绩效考核标准不规范的风险表现

针对绩效指标设置中出现的问题，企业可从以下 4 方面进行预防，如图 7-4 所示。

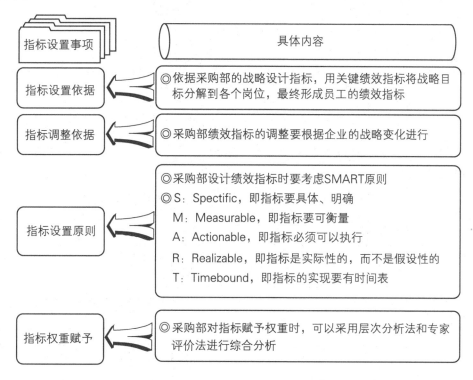

图 7-4 绩效指标设置相关事项

7.2.4 工具 1：采购评估指标体系

下面为某企业的采购绩效指标体系设计，如表 7-1 所示。

表7-1 采购绩效指标体系设计

采购绩效指标	具体指标	指标公式/说明
质量绩效指标	进料验收合格率	$\frac{\text{阶段内采购物资合格批次}}{\text{阶段内采购物资总批次}} \times 100\%$
	在制品验收合格率	$\frac{\text{阶段内在制品验收合格数}}{\text{阶段内在制品数}} \times 100\%$
	退货率	$\frac{\text{阶段内采购物资退货数}}{\text{阶段内采购物资总数}} \times 100\%$
数量绩效指标	呆料、废料金额	呆料、废料原值
	呆料、废料处理损失	呆料、废料原值－呆料、废料处理值
	库存周转率	$\frac{\text{期内出库原材料总成本}}{\text{原材料平均库存成本}} \times 100\%$
时间绩效指标	紧急采购费用差额	物资正常采购下所发生的费用－物资紧急采购费用
	停工断料损失	停工断料,影响、损失的工时
价格绩效指标	实际价格与标准成本的差额	实际的物资采购价格－物资标准价格
	实际价格与过去采购平均价格的差额	实际的物资采购价格－过去采购的平均价格
	当期采购价格与上期采购价格之比	$\frac{\text{本期物资采购价格}}{\text{上期物资采购价格}} \times 100\%$
效率(活动)绩效指标	采购金额	当期采购金额的总数
	采购计划完成率	$\frac{\text{采购计划完成量}}{\text{同期采购计划总量}} \times 100\%$
	采购成本降低率	$\frac{\text{上期采购成本－本期采购成本}}{\text{上期采购成本}} \times 100\%$
	供应商开发计划完成率	$\frac{\text{期内新开发的供应商数量}}{\text{期内计划新开发的供应商数量}} \times 100\%$
	订单处理的时间	订单处理过程的时间消耗情况
管理类指标	采购人员离职率	$\frac{\text{期内采购人员离职人数}}{\text{采购人员平均人数}} \times 100\%$
	协作满意度	相关部门、供应商等对合作的满意程度,通过问卷调查获得

7.2.5 工具2：采购人员目标管理卡

采购人员目标管理卡如表7-2所示。

表7-2 采购人员目标管理卡

被考核者：　　　　职位：　　　　考核时间：　　年　月　日至　　年　月　日

目标	目标值	权重	工作计划	完成时间	工作进度				工作条件	工作权限	考评
					3月	6月	9月	12月			
采购计划完成率	达到___%	30%		计划							
				实绩							
采购质量合格率	达到___%	30%		计划							
				实绩							
采购成本降低率	降低___%	10%		计划							
				实绩							
采购交期提高率	达到___%	10%		计划							
				实绩							
新开发供应商数量	不少于___家	10%		计划							
				实绩							
加速呆料、滞料处理	控制在库存总额的___%以内	10%		计划							
				实绩							

7.2.6 方法1：MBO考核法

MBO考核法即目标管理考核法，即按一定的指标或评价标准来衡量员工完成既定目标和执行工作标准的情况，根据衡量结果给予相应的奖励。它是在整个组织实行"目标管理"的制度下，对员工进行考核的方法。

7.2.6.1 确定目标评估周期

目标评估既要及时有效地把握目标完成情况，又要科学合理地反映目标执行人的绩效，即何时进行评估就显得十分重要。按周期不同可将目标评估分为图7-5所示的3种。

第7章 采购效率与绩效管控

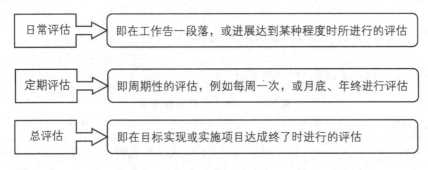

图 7-5　评估周期

7.2.6.2　考核实施流程

目前,目标管理考核法被大量应用于企业考核过程中,目标管理考核法操作流程如图 7-6 所示。

图 7-6　目标管理考核法操作流程

(1) 建立工作目标计划表

员工和上级主管共同完成员工工作目标列表的编制。目标的实现者同时也是目标的制定者,这样有利于目标的实现。工作目标列表的建立一般遵循以下步骤,如图 7-7 所示。

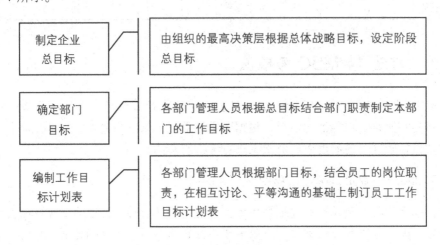

图 7-7　工作目标列表的编制

(2) 明确业绩衡量标准

一旦确定某项目标被用于绩效考核工作中，必须收集相关的数据，明确如何以该目标衡量业绩，并建立相关的检查和平衡机制。明确业绩衡量标准时，应该遵循一些设定要求，如图 7-8 所示。

1. 成果计量的单位、计量的方法应该与目标体系一致

2. 考评频率应该与目标计划期一致，否则会造成目标成果难以计量的情况

3. 评价尺度要明确，包括基础指标、超额完成指标、未达标等情况的评价办法等

4. 奖惩办法的规定要具体，包括超额完成任务的奖励和未完成任务的处罚等

图 7-8 业绩衡量标准设定要求

(3) 实施业绩评价

在给定时间期末，将员工业绩与目标相比较，从而评价业绩，识别培训需要，评价组织战略成功性，或提出下一时期的目标。

(4) 检查调整

通过业绩评价，员工找出了自己实际工作业绩与预定目标之间的距离，接着就必须分析造成这些差距的原因，并且通过调整自己的工作方法等手段，致力于缩小乃至消除上述差距，努力达到自己的目标。

7.2.6.3 考核实施需注意的问题

(1) 目标执行与修正

企业设定的目标要落实到各个目标执行部门和员工身上，由目标执行人具体执行。

当企业的目标活动不能达成时，企业应该对制定的目标进行修正。下面列举了企业进行目标修正的 3 种情形，如图 7-9 所示。

(2) 目标追踪

企业各级目标确定后，必须对目标实施的情况进行跟进，借以发现目标的执行与预定目标之间的差异，并及时协商确定改进办法。

在目标执行过程中，常常会使用目标追踪工具（示例见表 7-3、表 7-4）来追踪目标达成情况。

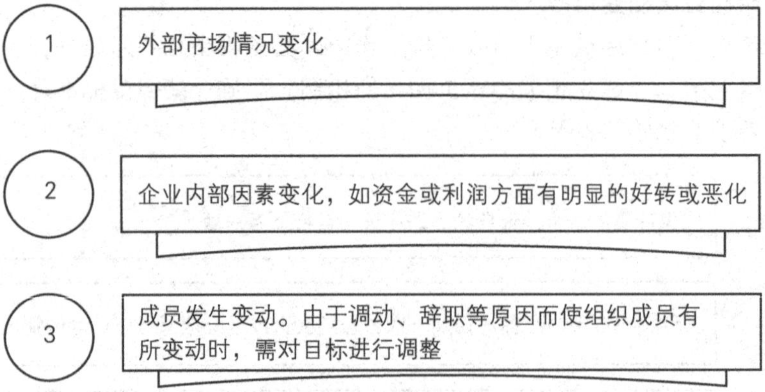

① 外部市场情况变化

② 企业内部因素变化，如资金或利润方面有明显的好转或恶化

③ 成员发生变动。由于调动、辞职等原因而使组织成员有所变动时，需对目标进行调整

图 7-9　目标的修正

表 7-3　目标执行追踪表

目标执行单位：_____　　目标执行人：_____　　日期____年____月____日

目标项	工作计划	执行情形	进度/%			差异原因	改进办法	有关单位签注意见
			本期预计	本期实际	本期差异			

表 7-4　目标改善追踪表

负责部门（个人）：_____　　评审人：_____　　月份：_____

目标项	改善办法	预定完成日期	实际完成日期	效果追踪

7.2.6.4　提高目标评估有效性的措施

为了提高评估结果的有效性，企业管理人员至少需做好如图 7-10 所示的 3 方面工作。

7.2.7　方法 2：KPI 考核法

KPI 考核法（关键指标考核法）即根据宏观的战略目标，经过层层分解之后提

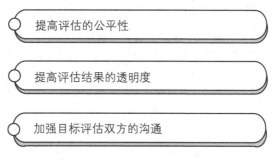

图 7-10 提高目标评估结果有效性的措施

出的具有可操作性的战术目标,并将其转化为若干个考核指标,然后借用这些指标,从多个维度,对组织或员工个人的绩效进行考核的一种方法。

关键绩效指标是用来衡量被考核者工作绩效表现的具体量化指标,它来自对企业总体战略目标的分解,反映最能有效影响企业价值创造的关键驱动因素。

7.2.7.1 关键绩效指标体系建立

关键绩效指标体系是对企业宏观目标进行层层分解后,产生的具有可操作性的一系列关键绩效指标。企业关键绩效指标体系的建立通常有 3 种方式,如图 7-11 所示。

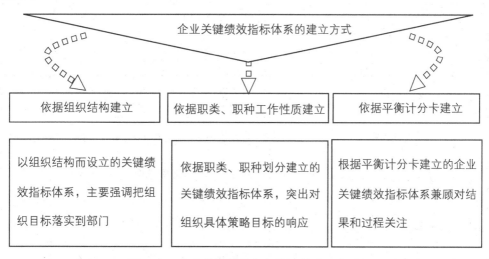

图 7-11 企业关键绩效指标体系的建立方式

7.2.7.2 关键绩效指标选择

通常情况下,企业中能够用于绩效考核的指标很多,其涵盖的范围也比较广,无法对全部指标均进行监控和考核,因此确定和挑选企业重点关注的关键绩效指标显得尤为重要。企业确定关键绩效指标的常用方法有 3 种，如表 7-5 所示。

表 7-5 确定关键绩效指标的方法

确定方法	方法说明
标杆基准法	企业将自身的关键绩效行为与本行业最强企业的关键绩效行为进行比较，分清这些基准企业的绩效形成原因,并在此基础上确定本企业的关键绩效指标
成功关键法	通过寻找企业成功的关键要点，并对这些关键要点进行重点监控和层层分解,从而选择和确立企业评估的关键绩效指标
策略目标分解法	通过建立财务指标与非财务指标的综合指标体系对企业的绩效水平进行监控,进而确立企业的关键绩效指标

7.2.7.3 关键指标考核法应用范例

关键指标考核法是绩效考核的常用方法之一，表 7-6 提供了一份××公司关键指标考核法在采购专员考核中的应用，仅供参考。

表 7-6 ××公司关键指标考核法在采购专员考核中的应用

被考核者	采购专员		所属部门		采购部
工作岗位			岗位级别		
考核周期			年 月 日～ 年 月 日		
序号	KPI 指标	权重	评分标准		得分
1	采购计划完成率	15%	目标值：____%；每降低____个百分点，减____分		
2	错误采购次数	15%	目标值：0 次；每出现 1 次，减____分		
3	采购物资质量合格率	15%	目标值：____%；每降低____个百分点，减____分		
4	因采购不及时而导致停工断料的损失额	15%	目标值：0；每损失____元，减____分		
5	采购成本降低率	15%	目标值：____%；每高出____个百分点，减____分		
考核得分合计					
直接上级评定：			间接上级评定：		

7.2.8 流程：采购人员绩效考核流程

采购人员绩效考核流程如图 7-12 所示。

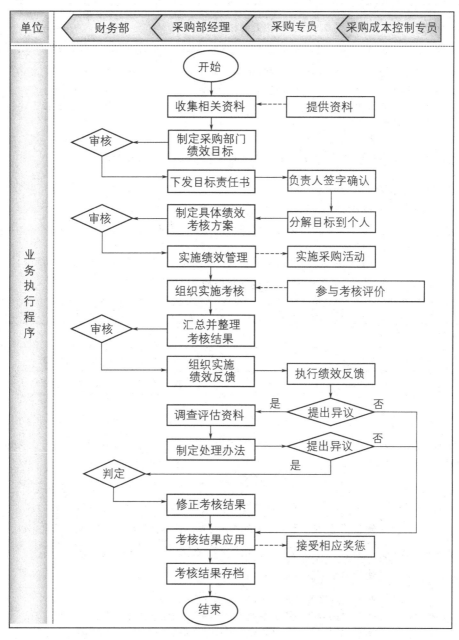

图 7-12　采购人员绩效考核流程

7.2.9 制度：采购人员绩效考核办法

下面是采购人员绩效考核办法。

制度名称	采购人员绩效考核办法	编号	
		版本	

第1章 总则

第1条 目的。

为了保证公司所需物资的供应及时，确保采购质量，提高采购人员的工作绩效和工作积极性，特制定本办法。

第2条 适用范围。

本办法适用于采购部所有正式员工，下列人员不列入年度绩效考核范围。

1. 试用期人员。
2. 停薪留职及复职未达半年者。
3. 连续缺岗天数达30天以上者。

第2章 考核实施时间及职责分工

第3条 考核实施时间。

采购部的评估分为月度考核、季度考核和年度考核三种，考核实施时间表如下表所示。

考核实施时间表

考核频率	考核实施时间	考核结果应用
月度考核	次月____日前	与每月绩效工资挂钩
季度考核	下季度第一个月的____日前	薪资调整、职位调整、培训、季度奖金
年度考核	次年1月____日前	薪资调整、职位调整、培训、年度奖金

第4条 职责分工。

采购的绩效考核涉及采购部、人力资源部等内部人员，也涉及供应商等外部人员。职责划分表如下表所示。

职责划分表

人员	职责
采购部经理	◆ 组织、实施本部门员工的绩效考核工作，客观公正地对下属进行评估； ◆ 与下属进行沟通，帮助下属认识到工作中存在的问题，并与下属共同制订绩效改进计划和培训发展计划； ◆ 考核结果的审核
被考核者	◆ 学习和了解公司的绩效考核制度； ◆ 针对绩效考核中出现的问题，积极主动地与直接上级进行沟通； ◆ 积极配合部门主管讨论并制订本人的绩效改进计划和标准

续表

人员	职责
被考核者直接上级	◆ 公正客观地对下属的工作表现、工作态度、工作能力等进行考核; ◆ 与下属进行绩效面谈,与下属共同制订绩效改进计划和标准
人力资源部工作人员	◆ 绩效考核前期的宣传、培训和组织; ◆ 考核过程中的监督、指导; ◆ 考核结果的汇总、整理; ◆ 运用考核结果对相关人员进行人事决策
供应商	◆ 提出客观公正的意见作为采购人员绩效考核的参考依据

第3章 考核实施

第5条 考核内容。

1. 采购工作业绩考核指标。

对采购工作业绩进行考核主要从成本、运作和管理三个方面进行,采购工作业绩考核表如下表所示。

采购工作业绩考核表

绩效指标内容		绩效目标
成本类指标	采购成本目标达成率	平均达到____%
	应付账款及时准确率	平均达到____%
运作类指标	采购计划完成率	平均达到____%
	大宗采购任务的完成率	平均达到____%
	采购不合格及退货次数	控制在____次以内
	采购交期延误次数	控制在____次以内
	供应商的开发数量	平均达到____个
	相关部门投诉次数	控制在____次以内
	领导满意度	平均达到____%
管理类指标	采购资料建档、保管完整性	达到100%
	部门人员流动率	控制在____%以内

2. 人事考核。

人事考核主要包括以下两方面的内容。

(1) 考勤。

(2) 个人行为表现,主要指被考核者在日常工作中因违反公司相关制度而被惩罚,或因突出性的工作表现而被肯定,并以此作为绩效考核的一个指标。

续表

第 6 条　考核程序。

1. 人力资源部组织采购部在采购人员的实际工作表现及工作成果的基础上，对照各部门、各岗位的绩效考核的指标进行评估，并汇总考核结果。

2. 人力资源部于考核结束后____日内将考核结果交采购部经理审核后报总经理审批。

第 4 章　绩效面谈与申诉

第 7 条　绩效面谈。

1. 考核结束后，由被考核者和其直接上级进行绩效面谈，并报人力资源部备案。

2. 面谈时，直接上级应明确指出被考核者工作中应改进的地方，协助被考核者制订改进工作的计划和确认下一阶段绩效工作的目标。

第 8 条　考核申诉。

1. 被考核者对考核过程或者考核结果有异议且与考核者沟通无效，并确有证据证明的情况下，可以启动考核申诉程序。

2. 被考核者应以书面形式向人力资源部申诉，人力资源部在接到采购人员申诉后的____个工作日内给予解决。

第 5 章　考核纪律

第 9 条　考核须遵循公正、公平的原则，相关领导必须认真、负责，否则将给予降职、扣除当月绩效奖或扣分处理。

第 10 条　各部门负责人要认真对待考核工作，慎重打分，凡在考核工作中消极应对者，公司将扣分甚至扣除其全月绩效和岗位津贴。

第 11 条　凡在考核工作中弄虚作假者，一律按照公司相关规定给予相应的处理。

第 6 章　附则

第 12 条　本办法由公司人力资源部负责制定、修改、废除等工作。

第 13 条　本办法自颁布之日起实施。

编制日期		审核日期		批准日期	
修改标记		修改处数		修改日期	

7.3　采购绩效改进

7.3.1　风险点：改进措施不当

当采购人员的绩效表现不佳时，企业需要制定绩效改进措施，以改进员工的绩效。但改进的措施制定不当，则会出现很多负面影响。改进措施不当的风险说明如

图 7-13 所示。

绩效改进措施的制定缺乏客观的绩效考核结果做依据，带有很强的主观性

因制定的绩效改进措施不当，导致改进措施实施后，依然无法提升采购工作绩效

绩效改进应客观、合理地针对未达标人员进行，不应因人而异和带有主观色彩及偏见

图 7-13　改进措施不当的风险说明

7.3.2　关键点 1：改进方法得当

在采购绩效管理工作中，绩效改进措施的得当与否关系到绩效管理工作能否达到改善员工绩效、提高采购绩效的成效。对此，企业至少需做好 3 方面的工作，如图 7-14 所示。

针对工作中存在的问题，制定合理的绩效改进措施，并确保其能够有效地实施

绩效改进措施的形式可以多样，但关键是要控制过程，给员工以指导

对在绩效改进过程中可能出现的问题要及时控制

图 7-14　关键点说明

7.3.3　关键点 2：做好绩效沟通

绩效沟通作为绩效管理的一个重要环节，对绩效管理目标的达成起到很关键的作用。同样，在绩效改进阶段亦是如此。

7.3.3.1　设定共同认可的绩效目标

在这一环节中，如果管理者忽视了沟通的作用，使双向互动沟通在这一环节缺

失,形成了绩效改进目标信息的下达而无上传的单流向,这不但影响员工对绩效改进目标的了解和认可,还极可能造成制定的目标偏离客观实际。

7.3.3.2 做好绩效辅导与沟通

管理者需要了解员工的工作进展情况,了解员工所遇到的障碍,通过了解,才能帮助员工清除工作的障碍,这样才能保证绩效改进的效果。

7.3.4 工具1:绩效面谈记录表

绩效面谈记录表如表7-7所示。

表7-7 绩效面谈记录表

被考核人姓名		职位	
考核得分		面谈日期	
面谈人		职务关系	
面谈项目	面谈记录		
上期绩效总结及问题回顾			
对本次绩效考核有什么看法			
下一步的工作绩效的改进方向			
希望从公司得到怎样的帮助			
是否需要接受一定的培训,需要哪些方面的培训			
对部门工作和公司工作的建议			
备注			
受谈人		面谈人	审核人

7.3.5 工具 2：采购绩效改进表

采购绩效改进表如表 7-8 所示。

表 7-8 采购绩效改进表

姓名			部门		
岗位			直接领导		
不良绩效描述					
有待改善绩效	原因分析	改善措施	改善措施记录	改善所需时间	改善后的效果
被考核者签字		直接主管签字		部门经理签字	

7.3.6 文案：采购绩效改善方案

下面是采购绩效改善方案。

文案名称	采购绩效改善方案	执行部门	
		版本	

一、目的

为提高采购绩效，规范采购绩效管理，完善公司绩效管理体系，不断增强整体核心竞争力，特制定本方案。

二、适用范围

本方案适用于采购工作及采购人员绩效改进与提升相关工作事项。

三、职责

1. 总经理负责采购绩效改进计划的审批工作。
2. 人力资源部负责整体组织控制采购绩效改进工作。
3. 采购绩效评估小组负责跟踪采购绩效改善情况，并及时提出不足之处。
4. 采购部经理负责制订采购绩效改进计划，并协助下属员工制订个人绩效改进计划。
5. 采购人员负责按照采购绩效改进计划执行改进工作。

四、提高采购绩效的工作重点

结合本公司的具体情况，采购绩效改进与提升工作分为三个阶段：即绩效改进计划阶段、绩效改进执行阶段、绩效改进评价及反馈阶段。

五、绩效改进计划阶段管理

(一) 制订绩效改进计划

1. 经过采购绩效评估后,人力资源部负责向采购部反馈绩效评估结果。

2. 采购部经理在收到结果反馈后,应与采购部人员进行充分的沟通,就绩效目标达成共识,具体包括以下内容。

(1) 分析采购绩效评估结果。

(2) 找出采购工作中存在的不足之处。

(3) 针对存在的问题制订合理的绩效改进计划或方案等。

(二) 拟订绩效改进计划的注意事项

1. 计划内容要有实际操作性,即拟定的计划内容需与采购工作待改进的问题相关联且是可以实现的。

2. 计划要获得管理者与员工双方的认同,即管理者与员工都应该接受这个计划并保证该计划的实现。

3. 符合SMART原则,即绩效改进计划要满足具体、可衡量、可达到、相关联、有时限性五点要求。

(三) 绩效改进计划表

1. 采购工作绩效改进计划表如下所示。

采购工作绩效改进计划表

部门		绩效改进周期	年 月 日~ 年 月 日	
1. 改进的内容				
待提高的方面	绩效目标	完成情况	完成时间	上级领导需提供的支持
2. 绩效改进结果评价(改进阶段结束后填写)				
采购绩效评估小组评价				
总经理评价				
部门负责人(签字)		总经理(签字)		

续表

2. 采购人员绩效改进计划表如下表所示。

采购人员绩效改进计划表

姓名		所在岗位		所属部门	
直接上级		绩效改进周期		年 月 日~ 年 月 日	
1. 改进的内容					
待提高的方面	绩效目标	完成情况	完成时间	上级领导需提供的支持	
2. 绩效改进结果评价(改进阶段结束后填写)					
直接上级评价						
采购绩效评估小组评价						
责任人(签字)			采购部经理(签字)		

六、绩效改进执行阶段

1. 采购绩效改进计划经过审批后,由人力资源部对采购人员进行绩效跟踪,收集、整理各项采购绩效指标、数据,并将改进过程中存在的问题及改进工作的进展情况及时、准确地记录到采购工作绩效改进计划表上。

2. 采购部应按照改进计划执行,并在部门内建立健全"双向沟通"制度,包括周/月例会制度、周/月总结制度、汇报/述职制度、观察记录制度、周工作记录制度等。

3. 采购绩效评估小组应随时就出现的有关绩效问题进行沟通、指导。

七、绩效改进确认及反馈阶段管理

1. 采购绩效评估小组综合人力资源部、采购部及其他相关人员提供的改进信息,客观、公正地对采购工作情况及采购人员绩效改进情况进行确认,将对改进情况的评价内容填入采购人员绩效改进计划表,并向采购人员进行反馈。

2. 收到采购绩效改进结果评价后,责任人应对改进结果评价进行签字确认。

3. 对于未达到改进要求的责任人,应按照评价内容对不合格项进行进一步改进,并由人力资源部根据情况对其进行相应的培训或处罚。

7.3.7 方法1:HPT模型

采购绩效是指采购产出与相应的投入之间的对比关系,它是对采购效率进行的全面整体的评价。对采购绩效做出评价的最终目标是为了提高采购绩效,为企业创造更多的利润，这迫使采购人员想办法提高采购绩效。

那么提高采购绩效的方法有哪些呢？下面重点介绍 2 种方法：HPT 模型和标杆超越法。

HPT 模型（绩效技术模型）是以一种结构化（不是线性的文字描述或列表）的形式，为提高人类绩效提供指南。绩效技术模型揭示了工作环境的复杂性和所有要素之间的相互影响，从而为绩效技术从业人员说明如何在工作中提高绩效的操作步骤。绩效技术模型的构成要素有系统方法和绩效问题。

总的来说，HPT 模型可以简单解释为 5 个方面，如图 7-15 所示。

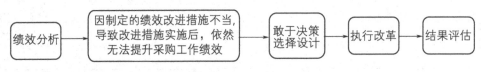

图 7-15 HPT 模型

在了解 HPT 模型的构成以后，我们还需要了解它的操作步骤，将它运用到实际日常的采购工作中，它的操作步骤主要包括 5 个方面，如图 7-16 所示。

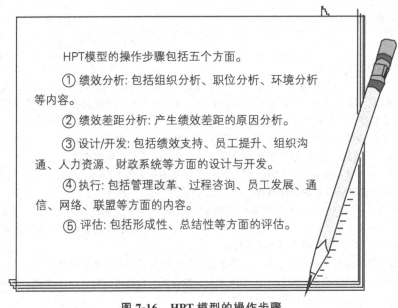

图 7-16 HPT 模型的操作步骤

7.3.8 方法 2：标杆超越法

标杆超越是指通过寻找和研究有助于本集团战略实现的其他优秀集团（或企业）的有利实践，以此为标杆，将本集团的产品、服务和管理等方面的实际情况与这些标杆进行定量化评价和比较，对这类标杆企业达到顶尖水平的原因进行分析，结合自身实际进行创造性地学习、借鉴并选取最优方案进行改进，从而赶超标杆企业不断提高的过程。

在标杆选取时需要注意的问题。

① 标杆超越中的标杆是指对实践有利，但不一定是最佳实践或最优标准。

② 标杆超越中的标杆有很大的选择空间，企业可在广阔的全球范围内寻找其基准点。

③ 该方法是一种直接的、片段式的、逐步推进的管理方法。

④ 该方法尤其注重不断地对比和衡量。

了解了标杆超越方法的基本概念和需要注意的问题之后，最重要的还是要将它投入到我们的实际工作中，图 7-17 清晰地展示了标杆超越法在绩效改进工作中的运用概况。

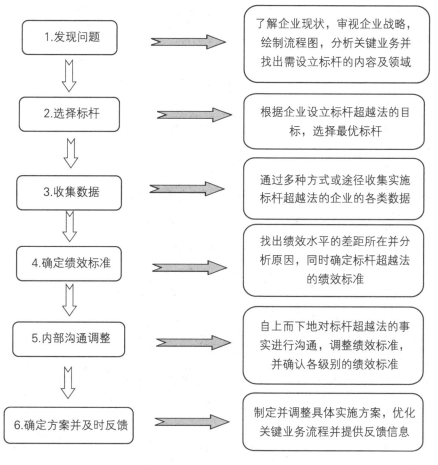

图 7-17　标杆超越法的运用

7.3.9 流程：绩效改进管理实施流程

绩效改进管理实施流程如图 7-18 所示。

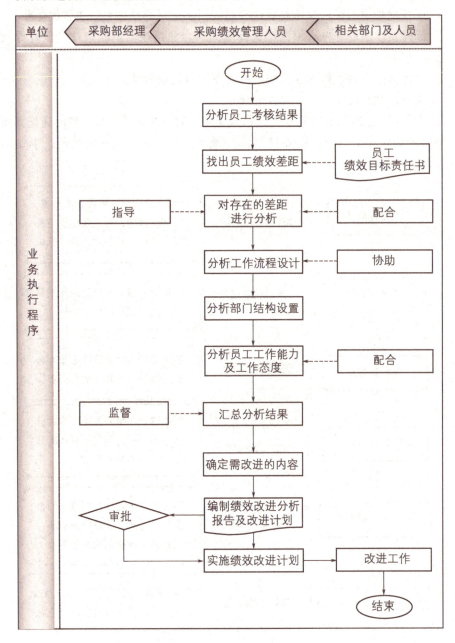

图 7-18 绩效改进管理实施流程

7.3.10 制度：采购绩效改进管理办法

下面是采购绩效改进管理办法。

制度名称	采购绩效改进管理办法	编号	
		版本	

第1章 总则

第1条 目的。

为了提高采购绩效，规范采购绩效管理，完善公司绩效管理体系，不断增强公司的整体核心竞争力，特制定本办法。

第2条 适用范围。

本办法适用于采购部采购人员及采购管理人员的绩效考核、改进与提升等相关工作事项。

第3条 适用范围。

1. 采购部经理负责制订采购绩效改进计划，并监督绩效改进计划的实施。
2. 采购绩效管理人员对采购人员的绩效进行考核，并提出绩效相关的问题以便进行改进。
3. 采购部相关人员需要按照绩效改进计划实施。

第2章 绩效考核实施管理

第4条 绩效考核阶段管理。

1. 采购绩效管理人员在考核周期内对被考核者进行绩效跟踪，收集、整理绩效过程中存在的问题，并进行记录。
2. 被考核者可随时就出现的有关绩效问题与采购绩效管理人员进行沟通，提出自己的改进建议。
3. 采购部经理应注重在部门内部建立健全双向沟通制度，包括周/月例会制度、周/月总结制度、汇报/述职制度、观察记录制度、周工作记录制度等。
4. 采购绩效管理人员要及时、准确地将被考核者绩效改进方面的问题记录到绩效改进表上。

第5条 绩效考核结果反馈管理。

1. 采购绩效管理人员应综合收集考核信息，客观、公正地评价员工，并在经过充分准备后就绩效考核情况向员工反馈。
2. 绩效考核反馈时，无论被考核者是否认可考核结果，都必须在考核表上签字。签字不代表被考核者认可考核结果，只代表被考核者认可被考核者知晓考核结果。

第3章 绩效改进实施

第6条 制订绩效改进计划。

1. 采购部经理应在绩效考核结果的基础上，与员工进行充分沟通，从而确定绩效改进计划，具体绩效沟通内容如下。
（1）分析员工绩效考核结果。
（2）找出员工工作绩效中存在的不足之处。
（3）针对存在的问题制订合理的绩效改进计划等。

2. 拟定绩效改进计划的注意事项。拟定绩效改进计划，至少应符合3点要求。

（1）计划内容要有实际操作性，即拟定的计划内容需与员工待改进的绩效工作相关联且是可以实现的。

（2）计划要获得管理者与员工双方的认同，即管理者与员工都应接受这个计划并保证该计划的实现。

（3）符合SMART原则，即绩效改进计划要满足具体、可衡量、可达到、相关联、有时限性五点的要求。

第7条　绩效改进计划实施和效果评估。

1. 采购相关人员需要根据绩效改进计划实施绩效改进，从而提高其技术水平。

2. 在绩效改进实施之后，企业需对绩效改进计划的实施效果进行评估，具体评估可以从以下四个方面来进行。

（1）反应。实施改进计划后，改进活动对他们的影响及员工对其反应如何？客户和供应商的反应怎样？

（2）学习或能力。在绩效改进计划实施之后，员工了解或掌握了哪些在改进之前不会的知识或技能。

（3）转变。改进活动对工作方式是否产生了所预期的影响，工作中是否开始运用新的技能、工具、程序等。

（4）结果。改进活动对绩效差距的影响是什么？差距的缩小与经营行为是否具有正向相关关系呢？评估结果将反馈回组织观察和分析过程之中，从而开始新的循环过程，以不断提升员工的绩效。

第4章　附则

第8条　本办法由采购部和人力资源部联合制定，报总经理审批后执行。

第9条　本办法自发布之日起实行。

编制日期		审核日期		批准日期	
修改标记		修改处数		修改日期	

第8章

采购法务与合同管控

8.1 合规管理

8.1.1 风险点 1：制度与流程缺失

合规的采购管理主要在企业内部控制环境的基础上，执行相关采购措施，制定相关采购制度与流程，在识别风险的基础上，进行相关的控制活动。若采购的制度与流程缺失，必然会给企业采购工作的管理带来极大的负面影响，如图 8-1 所示。

因采购环节的制度与流程的缺失，导致部分采购项目的实施不符合公司的要求

因制度与流程的缺失，会出现先有采购行为再补签合同的情形，增加了企业的风险

因制度与流程的缺失，给采购工作的考核带来不便，进而影响采购效率

图 8-1 制度与流程缺失的风险说明

8.1.2 风险点 2：风险控制缺失

采购风险一般是指采购过程中可能出现的一些意外情况，而这些意外情况都会影响采购预期目标的实现。对此，企业需做好采购环节的风险控制工作。若风险控制这一环节缺失，将给企业带来损失，如图 8-2 所示。

8.1.3 风险点 3：采购需求被变相改变

作为编制采购文件重要依据的"采购需求"，是对采购标的物的特征描述，好的采购需求能够合理、客观地反映采购标的物的主要特征以及要求供应商响应的条件等内容。在实际采购工作中，企业需严控图 8-3 所示的几点风险，以避免采购需求被变相地改变。

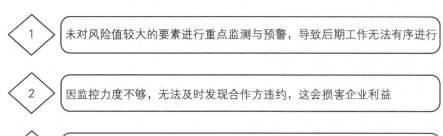

图 8-2 风险控制缺失的风险说明

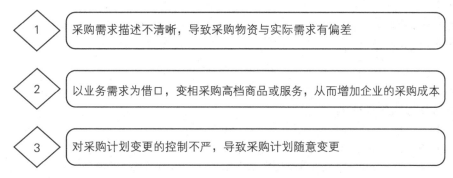

图 8-3 采购需求被变相改变的风险说明

8.1.4 制度：采购合规管理制度

下面是采购合规管理制度。

制度名称	采购合规管理制度	编号	
		版本	

第 1 章 总则

第 1 条 目的。
为加强公司采购业务的合规管理工作，促进公司采购业务的持续、稳定运行，有效防范风险，根据相关规定，特制定本制度。
第 2 条 适用范围。
本制度适用于公司采购业务的合规管理。
第 3 条 原则。
1. 全员全面合规原则：公司在进行采购之前，应建立完善的与采购相关的合规管理制度，使采购合规体系覆盖公司所有与采购相关的业务、人员之中。

续表

2. 实用有效原则：公司采购合规管理的实施应从公司的业务规模、发展状况、采购数量等实际出发，以确保采购规范的使用与有效。

第 4 条　职责划分（略）。

第 2 章　预防与控制

第 5 条　公司采购人员应及时跟踪法律法规的变更情况，并根据公司采购业务的开展情况，及时进行措施的调整，以预防可能出现的合规风险。

第 6 条　公司合规管理部门应当与其他部门合作，进行合规风险的评估、检查，对发现的违规事项或合规风险对相关部门进行提醒。

第 7 条　采购部门应及时针对发生的问题提出具体措施，进行控制。如有不确定事项，可请求合规部门协助。

第 8 条　采购部门与合规管理部门应根据风险反映及处理情况，编制相应的风险评估报告，并提交行政管理部门保管。

第 3 章　合规培训

第 9 条　公司应将采购业务合规管理列入培训范围，使采购业务相关人员掌握相关的知识、制度规定和风险防控知识。

第 10 条　对于新入职的采购人员，应当进行合规培训，未经培训或培训不合格者不得上岗。

第 11 条　企业应组织员工每年进行一次合规培训，培训的方式包括线上和线下两种。

第 12 条　对于培训结果应采用测验的方式进行检验，对于测验不合格的应继续进行培训，并将培训结果计入员工的个人考核中。

第 4 章　采购合规考核

第 13 条　公司采购部门负责人应负责对本部门合规管理的有效性进行定期检查，并编写相关的采购业务合规报告提交给合规管理部门。

第 14 条　合规评价的主要内容如下。

1. 合规知识、风险防控要求。
2. 遵守采购规章制度的情况。
3. 违规及整改情况。

第 15 条　对采购管理人员的合规评价，除上述规定的内容外，还应将落实合规管理制度、防控合规风险情况纳入评价内容。

第 16 条　公司应对采购人员合规考核的结果予以归档。

第 17 条　对员工评先选优，应当查阅合规档案，并将档案记载情况作为依据之一。

第 5 章　附则

第 18 条　本制度自颁布之日起实施。

第 19 条　本制度经公司总经理审批通过后实施。

编制日期	审核日期	批准日期
修改标记	修改处数	修改日期

8.1.5 报告：采购审计报告

下面是采购审计报告。

文案名称	采购审计报告	执行部门	
		版本	

一、背景介绍

根据审计部工作安排，审计人员于____年____月____日～____年____月____日对××公司采购部进行内部审计，本次审计重点是对采购部门现阶段的采购管理工作进行检查和内部控制情况进行评估，揭示其中存在的控制风险，完善公司采购供应流程，促进建立和健全内部控制制度，并提出可行的建议和改善措施。

二、基本情况

（一）采购部人员和供应商基本情况

1. 采购部现有员工____名，其中含部门经理1名、采购员____名和采购文员1名。主要负责全公司物料、固定资产等采购及供应商管理工作。

2. 采购部提供合格供应商名录，其中每年引进新供货商____家，淘汰____家。采购部提供原采购管理规定文件1份，供应商管理控制程序1份，文件未注明制定日期，经对采购流程测试，制度未得到有效执行。

（二）采购部采购基本情况

根据采购部提供的数据分析，____年采购部共完成采购量____元，其中采购量最大排序依次为____类、____类、____类、____类，这四项合占年采购量总额____%，具体明细见下表。

物资采购明细表

项目		采购量	占总采购量比
物资类别			____%
			____%
			____%
			____%
	其他		____%
	合计		100%
供应商名称 （采购量前5位）			____%
			____%
			____%
			____%
			____%
	合计		100%

续表

（三）采购单价基本情况（略）

三、审计情况及审计建议

（一）供应商管理薄弱

1. 审计情况

对于供应商管理，采购部除了提供一份电子版供应商名录，未见到任何其他供应商管理资料，如供应商档案、供应商调查表、考核记录等。鉴于以上情况，我们无法对采购部关于供应商管理工作作出评价。

2. 审计建议

(1) 制定供应商准入标准、评选流程，供应商资质确定应经过总经办批准方可引入。

(2) 制定供应商考核标准，定期对供应商实行考核并实行分类管理，考核部门应由采购部、财务部、仓储部、各物资使用部门等相关部门共同参加。

(3) 建立供应商资料信息库，完善供应商档案。

(4) 与供应商签订反舞弊协议和提供舞弊举报方式。

（二）采购询价与定价缺乏监督，价格合理性缺乏支持

1. 审计情况

(1) 未保存书面询价记录，也未保留供应商报价单。对此采购人员回复称有做口头报价但未留下书面记录报价价格。价格合理性缺乏足够支持。

(2) 采购定价未经有效审批。

采购价格是采购管理的重点，但是在审计过程中我们发现，审计价格核准未经过管理层批准。对于采购部在采购过程中既未保存询价记录，也未对其实行有效审批，我们认为采购流程存在重大缺陷，也容易产生采购舞弊现象。

(3) 与供应商未签订订购单，双方权利义务不明晰。

采购过程中采购部既未与供应商签订订购单，也未签订书面合同，对供应商付款方式、发票约定、品质保证只有口头约定，财务部无法对采购实行有效监督，同时如与供应商发生纠纷也无法维护公司利益。

(4) 询价与确定供应商属于不相容职务，目前采购部询价与确定供应商全部由一个人完成操作，属于内部控制缺陷。

2. 审计建议

(1) 采购定价经过恰当的询价程序（一般不低于三家），并有书面的询价记录，采购定价需经过适当管理层审批。

(2) 订购单是采购流程控制的重要单据，订购单上必须注明品牌、规格、付款方式、发票提供方式等，经过相关领导审批后，一联交财务部留存，财务部凭订购单方可与供应商结算货款。

(3) 制定物资基准采购价格，对于采购价格超过基准价的情况，采购部应进行市场调查证明其合理性并经有效审批后方可签订购单合同，基准采购价格应定期更新。

(4) 建议询价与确定供应商职务相分离，询价与确定供应商不应由同一人担任。

（三）物资验收责任不明确，未经有效验收已办理验收入库

1. 审计情况

审计部通过对____年入库单进行检查，发现收料单无验收人签字现象普遍，对采购入库物资无专业人员对此检验，质量难以保证。

续表

2. 审计建议

(1) 采购部应针对物资类别确定相关验收部门，验收部门需详细核对订购单、送货单，核对送货单与订购单上品名、规格、数量是否一致，验收无误后仓库方可办理入库手续。

(2) 仓库有权监督验收人员验收货物，对手续不全者仓库可拒绝办理入库手续。

（四）采购合同管理防范风险意识不够

1. 审计情况

(1) 月结供应商均未签订采购合同。

(2) 采购合同未附有合同审批记录表。采购部现保管的____份合同中只有____份合同附有合同审批记录表，其余____均未见到合同审批记录表。

2. 审计建议

(1) 对应签订合同的供应商应及时补签合同，采购合同签订必须遵守集团合同管理制度，依据审批后方可签订合同。

(2) 建立合同台账，整理成册，妥善保管。

（五）零星采购较为混乱

1. 审计情况

(1) ____年采购部零星采购____元，占年总采购量____％，零星采购比例过大。部分零星采购无发票、无收据，大额结算也采用现金支付，违反现金结算管理条例。

(2) 零星供应商散乱、参差不齐，对于质量问题，未约定保修期限，一旦出现问题难以追究供应商责任。

2. 审计建议

(1) 财务部在与供应商结算时，应尽量采用支票或汇款等结算方式，减少现金结算比例。

(2) 零散采购实行采购信息注册备查制度，有关采购品名、数量、商标、价格、厂家名称、采购地点、联系电话等信息要详细进行登记。

四、整改要求（略）

8.1.6 报告：采购稽核报告范本

下面是采购稽核报告范本。

文案名称	采购稽核报告范本	执行部门	
		版本	
一、稽核对象 本公司与采购业务相关的所有人员。 二、稽核时间 ____年____月____日至____年____月____日。			

续表

三、稽核小组成员（略）
四、稽核注意事项
1. 稽核过程是否符合国家相关法律法规及公司制度的规定。
2. 大额采购项目中是否有违规行为。
3. 招标采购是否符合国家相关规定。
4. 稽核小组成员是否能公平、公正、公开地完成稽核工作。
五、稽核经过及结果（略）
六、稽核处理意见
经稽核小组审议，现对稽核过程中发现的违规行为做以下处理。
1. 对于违规人员的处理措施（略）。
2. 对于违规部门的处理措施（略）。
3. 对于主管责任人的处理措施（略）。
4. 对于相关供应商的处理措施（略）。
七、稽核工作改进意见（略）
八、稽核小组成员签字（略）
九、总经理审批意见（略）

8.2　合同管理

8.2.1　风险点1：合同签订风险

企业在与供应商签订采购合同时，如果不注意防范合同签订过程中的风险，可能会给企业造成不必要的麻烦，甚至给企业带来重大的经济损失。合同签订过程中的风险表现如图8-4所示。

8.2.2　风险点2：合同执行风险

合同订立后，合同双方当事人应严格依照合同履行相应的权利和义务，但在合同履行过程中有时会伴随着一些不确定的因素，这给采购合同的执行带来了风险。合同执行过程中的风险表现如图8-5所示。

8.2.3　风险点3：合同变更风险

如果企业不对合同变更过程加以严格的审核或者企业变更合同的次数过于频

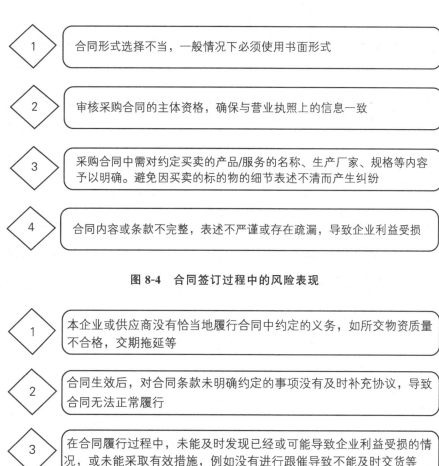

图 8-4　合同签订过程中的风险表现

图 8-5　合同执行过程中的风险表现

繁，就会给合同执行带来较大的麻烦。合同变更过程中的风险表现如图 8-6 所示。

8.2.4　风险点 4：合同解除风险

遇到合作方违约可能损害到采购方利益的情况时，可以采取解除合同的方法来保护企业的权益。但需注意随意地解除合同会给企业带来风险。合同解除过程中的风险表现如图 8-7 所示。

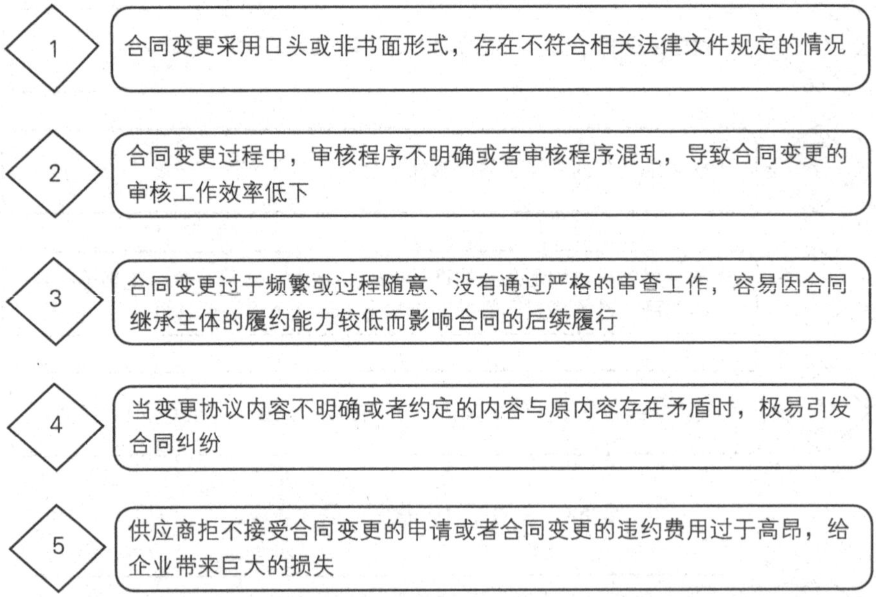

| 1 | 合同变更采用口头或非书面形式，存在不符合相关法律文件规定的情况 |

| 2 | 合同变更过程中，审核程序不明确或者审核程序混乱，导致合同变更的审核工作效率低下 |

| 3 | 合同变更过于频繁或过程随意、没有通过严格的审查工作，容易因合同继承主体的履约能力较低而影响合同的后续履行 |

| 4 | 当变更协议内容不明确或者约定的内容与原内容存在矛盾时，极易引发合同纠纷 |

| 5 | 供应商拒不接受合同变更的申请或者合同变更的违约费用过于高昂，给企业带来巨大的损失 |

图 8-6　合同变更过程中的风险表现

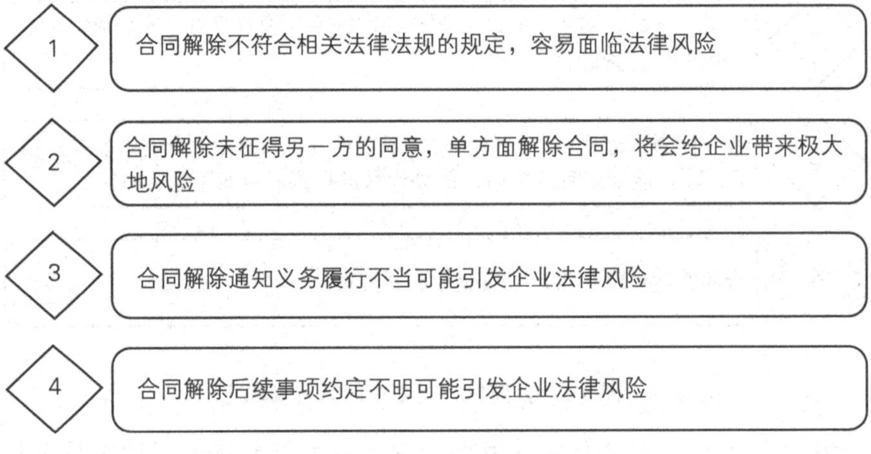

| 1 | 合同解除不符合相关法律法规的规定，容易面临法律风险 |

| 2 | 合同解除未征得另一方的同意，单方面解除合同，将会给企业带来极大地风险 |

| 3 | 合同解除通知义务履行不当可能引发企业法律风险 |

| 4 | 合同解除后续事项约定不明可能引发企业法律风险 |

图 8-7　合同解除过程中的风险表现

8.2.5　风险点 5：合同发票条款的税收风险

所有因采购货物或劳务而收到的发票都要及时、规范地处理。

企业在签订采购合同时，往往只关注双方的权利、义务和法律风险，而忽视了涉税条款的描述。这通常会给企业带来较大损失，如图 8-8 所示。

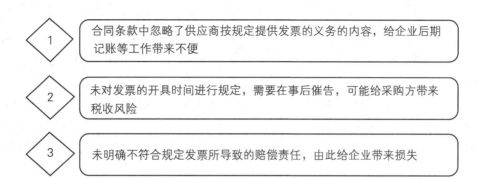

图 8-8 合同发票条款引发的风险表现

8.2.6 风险点 6：合同的预付款风险

预付款是一方当事人按合同约定，在合同签订后预先付给对方一定数额的货币。在支付采购业务预付款时，企业至少需做好 3 项风险的防范工作，如图 8-9 所示。

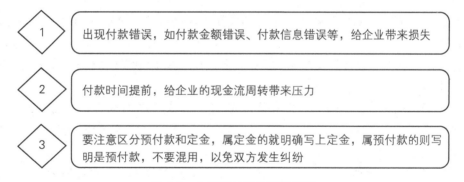

图 8-9 合同预付款的风险表现

8.2.7 审查：采购合同审查要点

在合同管理过程中，必须加强合同的审核，确保合同内容符合企业需求和相关法律法规，具体的审查要点如下。

① 企业对外发生采购行为，除采用即时结清方式外，其余均应当订立书面合同。

② 严格审核合同需求与国家法律法规、产业政策、企业整体战略目标的关系，保证其协调一致。

③ 考察合同是否以生产经营计划、物资需求等为依据，确保完成具体业务经营目标，根据确定的供应商、采购方式、采购价格等情况，拟订采购合同，准确描述合同条款，明确双方权利、义务和违约责任，按照规定权限签署采购合同。

④ 合同文本必须由业务承办部门起草，法律部门审核；重大合同或法律关系复杂的特殊合同应当由法律部门参与起草；对于影响重大、涉及较高专业技术或法律关系复杂的合同，应当组织法律、技术、财会等专业人员参与谈判，必要时可聘请外部专家参与相关工作。

⑤ 国家或行业有合同示范文本的，可以优先选用，但对涉及权利义务关系的条款应当进行认真审查，并根据实际情况进行适当修改。

⑥ 通过统一归口管理和授权审批制度，严格合同管理，防止通过化整为零等方式故意规避招标的做法和越权行为。

⑦ 由签约对方起草的合同，企业应当认真审查，确保合同内容准确反映企业诉求和谈判达成的一致意见，特别留意"其他约定事项"等需要补充填写的栏目，如不存在其他约定事项时须注明"此处空白"或"无其他约定"，防止合同后续被篡改。

⑧ 合同审核人员应当对合同文本的合法性、经济性、可行性和严密性进行重点审核，关注合同的主体、内容和形式是否合法，合同内容是否符合企业的经济利益，对方当事人是否具有履约能力，合同权利和义务、违约责任和争议解决条款是否明确等。

⑨ 建立合同会审制度，对影响重大或法律关系复杂的合同文本，组织财会部、内部审计部、法律部、业务关联的相关部门进行审核，内部相关部门应当认真履行职责。

⑩ 慎重对待审核意见，对审核意见准确无误地加以记录，必要时对合同条款作出修改并再次提交审核。

⑪ 合同文本须报有关主管部门审查或备案的，应当履行相应程序。

8.2.8 补签：采购合同补签管理

补签合同是指合作双方在合同签订生效之前已经开始实际履行合同项目合作，而在合同履行过程中或在合同履行完毕后补签合同的现象。

随着现代企业之间商业往来的逐渐频繁，合同签订也逐渐频繁，但由于各种原因，部分商业交易是在事后进行补签合同，出现补签合同情形的原因如表 8-1 所示。

表 8-1 出现补签合同情形的原因

产生原因	具体说明
某种特殊的情境	如为了完成某一事宜,时间紧急,难以及时进行合同签订,因此出现了先实施后补签合同的现象
企业内部管理疏漏	为争取某项目早点实施,未按照相关流程进行,导致合同起草、审批、签订等环节延迟
	为了抢时间、争速度,一般在下达计划之前就已进行必要物资的采购,因此导致采购合同的补签
合同审批时限过长	合同审批时,资质审查、合同条款谈判、文本拟定等都需要耗费一定的时间,某一环节不通畅,都会影响着审批效率,导致签订延迟

正是因为表 8-1 所示原因,导致合同补签。但合同补签不仅不符合企业管理制度的要求,也存在着较大的法律风险。因为事实合同一旦成立,双方当事人都应受事实合同的约束。后续的补签采购合同不过是对事实合同的一个确认。但是,一旦采购方只接受供应商的部分履行行为,或者双方就补签的采购合同某方面未达成一致等都会引致纠纷,甚至给企业带来损失。

但不管是哪种情形导致事后进行采购合同的补签,都是与企业内控制度中关于风险防范的目标相悖。为了防范补签采购合同的风险发生,一般可采用一些方法。采购合同补签防范方法如图 8-10 所示。

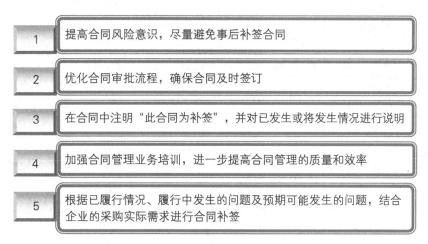

图 8-10 采购合同补签防范方法

8.2.9 制度:采购合同管理制度

下面是采购合同管理制度。

制度名称	采购合同管理制度	编号	
		版本	

第1章 总则

第1条 目的。

为了规范公司对采购合同的管理事宜，做好采购合同的编制、签订、执行、修改等工作，使其符合采购管理的要求及公司的利益，特制定本制度。

第2条 适用范围。

本制度适用于处理采购合同管理的相关事宜，可用于生产原辅料、外协加工、设备、工装模具、外协服务等类型的采购合同管理工作。

第3条 职责划分。

1. 公司采购部是采购合同的对口管理单位，负责公司采购合同的编制、签订、执行、控制等管理事项。
2. 公司生产部、质量管理部、技术部和财务部参与合同条款的审核。
3. 公司总经理或其授权人负责对合同签订进行批准。
4. 公司财务部负责合同原件的保管。

第2章 采购合同的编制

第4条 采购合同编制条件。

本公司一次性采购物品金额高于____元时，必须签订采购合同。外地采购必须签订合同。

第5条 采购合同的编制步骤示意图如下图所示。

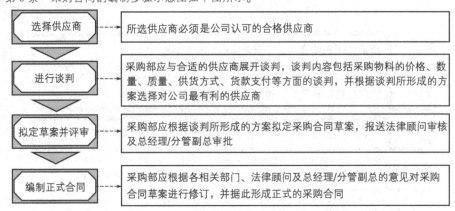

采购合同编制步骤示意图

第6条 正式的采购合同必须包括以下9个方面的主要内容。

1. 合同签订双方的姓名、地址和联系方式。
2. 采购物品的单价、总价。
3. 采购物品的数量与规格型号。
4. 采购物品的品质和技术要求。
5. 采购物品的履约方式、期限、到货地点。
6. 采购物品的验收标准和方式。

续表

7. 付款方式和期限。
8. 售后服务和其他优惠条件。
9. 违约责任和解决争议的方法。

第7条 采购合同的要求。

1. 合同拟订必须在进行供应商调查和询价、比价的基础上进行。
2. 采购合同主管根据对方资信情况，起草符合本制度规定的采购合同。
3. 采购合同的条款内容必须齐备、明确、具体，表达必须严谨。

第8条 合同审批管理。

1. 采购合同主管应将拟订的合同初稿交相关部门审核并使之提出建议。
2. 公司财务部主要负责对合同价款的形成依据、款项收取或支付条件等条款进行审查并提出意见。
3. 公司法律顾问主要对合同内容条款的合法性进行审查并提出审查意见。
4. 分管副总负责对合同所涉内容进行全面审查并提出审查意见。
5. 公司总经理根据相关部门所提意见、办理程序的规范性以及其他认为需要审查的内容对合同进行审阅并签署意见。
6. 公司采购部根据公司总经理的审查意见修改合同文本，并将总经理审查意见、合同签署相关附件等文件再次报送审查后，由总经理或受总经理委托的合同签署代理人正式签署合同。

第3章 采购合同的签订

第9条 与公司签订采购合同的供应商必须具有法人资格，并以其自己的名义签订采购合同，如果委托别人代签，采购部则应审验其委托证明。

第10条 公司与供应商签订的合同必须采用书面形式，其他任何形式的合同视为无效合同。

第11条 对于金额在10万元以下的采购合同，可以采用传真的方式进行签订，即公司将合同拟订好后传送给供应商，供应商进行盖章签字后回传，公司盖章签字后发给供应商回执，视为合同成立。

第4章 采购合同执行与控制

第12条 合同的执行。

1. 合同签订后即具有了法律约束力，采购部应及时向供应商发送订货单，使供应商及时准备公司所需的物品。
2. 采购部应配合质量管理部做好采购物料的进门验收工作，当所采购的物料不符合同所约定的质量要求时，采购部应积极联系供应商进行处理。
3. 合同的执行过程中采购部要处理好与供应商的关系，将供应商视为公司的战略发展伙伴，便于在生产旺季加大物料采购时能够及时供应，在生产淡季时能够缩减或取消物料采购的数量。

第13条 合同执行记录。

采购部应建立合同履约的管理台账，对双方的履约进程逐次、详细地进行书面登记，并保存好能够证明合同履约的原始凭证。

第14条 采购合同进度控制。

1. 采购部应本着经济型的原则做好物料的采购进度控制工作，既保证仓库中的采购物料库存最低，同时还能保证采购物料满足生产的需求。

续表

2. 对于供应商需要按照样品或图纸加工的物料，如果存在加工过程周期长、变数多、监控过程比较复杂的现象，要求供应商提供进度安排，采购部根据进度安排与供应商进行联络，进行积极的协商，确保物料能够及时运送到公司。

3. 如果供应商提供的物料将延缓公司的生产，采购部应减少在供应商处的采购数量并与其他供应商联系，增加采购数量。

第 5 章　采购合同的修改与终止

第 15 条　在合同执行过程中，因供应商的原因造成无法按量供应的采购物料，采购部经调查核实，可与供应商签订新的采购物料的数量规定，作为采购合同的附件进行执行。

第 16 条　在合同执行过程中，若外部市场环境发生重大变化，采购部可与供应商进行协商，签订新的供货价格的条款，作为采购合同的附件执行。

第 17 条　在合同执行过程中，若因不可抗力导致供应商无法按时交货，采购部经过核实后，可与供应商进行协商签订双方的延期交货规定，作为采购合同的附件执行。

第 18 条　有下列情形之一者，视为合同终止。

1. 因不可抗力导致合同无法继续执行，双方同意取消合同。
2. 因市场环境或需求的变化一方提出取消合同，由双方协商解决赔偿事宜。
3. 出现违背合同条款的状况。
4. 逾期没有履行合同约定的。
5. 发生符合合同条款中合约解除的事项。

第 6 章　合同纠纷的处理与合同管理

第 19 条　当公司与供应商所签订的合同出现纠纷时，一般可采取如下 4 种处理方法。

1. 与供应商协商解决。
2. 请第三方协调解决。
3. 由仲裁机构进行仲裁。
4. 通过法律途径解决。

第 20 条　采购合同的签订人员与资料管理人员要遵守合同的管理纪律，有下列情形之一者，公司将根据情节的轻重进行相应的处理。

1. 泄露合同内容。
2. 私自更改合同内容。
3. 丢失合同。
4. 在合同签订做资料保管中损害公司利益。

第 21 条　参与采购合同履行与监督的人员违反公司的相关规定，给公司造成经济损失和其他损失的，公司将根据性质与情节轻重对责任人进行行政和经济处罚，情节严重者将依法追究其法律责任。

第 7 章　附则

第 22 条　本制度未尽事宜，依照国家相关的法律、法规和政策执行。

第 23 条　本制度由采购部制定，并保留对其的解释和修订权。

第 24 条　本制度自总经理/分管副总办公会议审议后执行。

编制日期		审核日期		批准日期	
修改标记		修改处数		修改日期	

8.2.10 流程：采购合同签订审核流程

采购合同签订审核流程如图 8-11 所示。

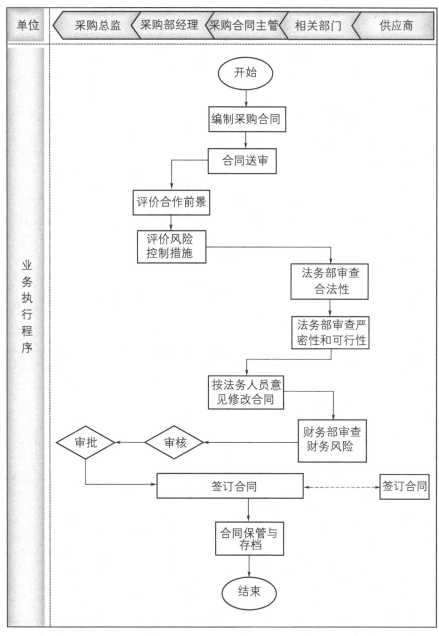

图 8-11 采购合同签订审核流程

8.2.11 流程：采购合同签订流程

采购合同签订流程如图8-12所示。

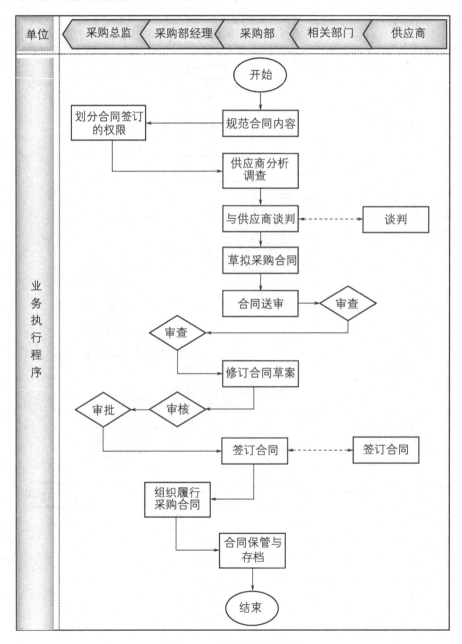

图8-12 采购合同签订流程

8.2.12 流程：采购合同变更流程

采购合同变更流程如图 8-13 所示。

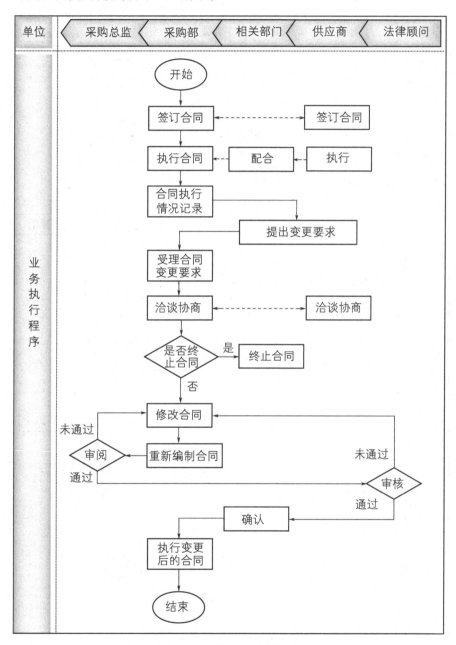

图 8-13　采购合同变更流程

8.2.13 流程：采购合同补签流程

采购合同补签流程如图 8-14 所示。

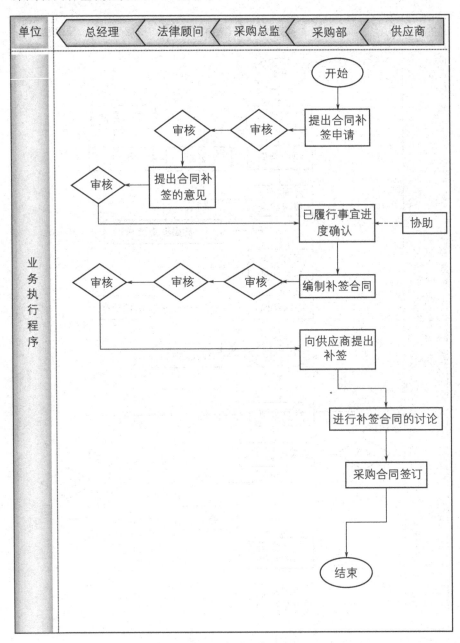

图 8-14 采购合同补签流程

8.2.14 流程：采购合同解除流程

采购合同解除流程如图 8-15 所示。

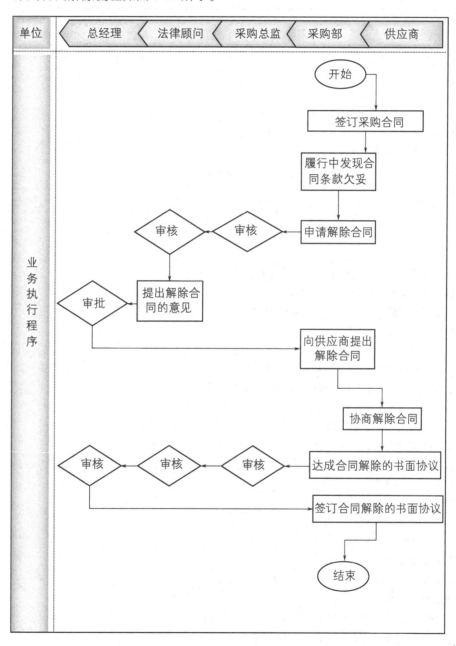

图 8-15 采购合同解除流程

8.2.15　模板：采购合同模板 1

下面是商品采购合同样本。

文案名称	商品采购合同样本	执行部门	
		版本	

供货方：
采购方：
经双方协商一致，本着平等互利的原则，签订本合同，以资双方信守执行。
一、商品情况
1. 商品基本情况表（如下表所示）。

商品基本情况表

品名	种类	规格	单位	数量	备注

2. 商品质量标准，可选择下列几项作为标准。
(1) 附商品样本，作为合同附件。
(2) 商品质量，按照标准执行（合格率不得低于＿＿％）。
(3) 商品质量由双方议定。
3. 商品单价及合同总金额要求如下。
(1) 供需双方同意按定价执行。如因原料、材料、生产条件发生变化，需变动价格时，应经供需双方协商。否则，造成损失由违约方承担经济责任。
(2) 单价和合同总金额为＿＿＿＿＿＿＿＿＿＿。
二、包装方式及包装品处理
1. 按照各种商品的不同，规定各种包装方式、包装材料及规格。
2. 包装品以随货出售为原则，凡需退还对方的包装品，应按铁路规定，说明退还方法，或另作规定。
三、交货方式
1. 交货时间：（略）。
2. 交货地点：（略）。
四、验收方法
根据交货地点与时间，以及商品种类，按规定方法进行验收。
五、预付货款
1. 根据供需双方各自需要和接收能力，决定以商品总金额的＿＿＿％作为预付货款。
2. 采用的结算方式，付款截止日期为＿＿＿年＿＿＿月＿＿＿日

续表

六、运输方式 1. 根据实际情况，选择（□空运□海运□铁路□公路□其他）作为商品的运输方式。 2. 为保证货物途中的安全，选择运输单位需投保运输险。 3. 运输费用由供货方负责承担。 **七、违约责任** 1. 采购方延付货款或付款后供方无货，使对方造成损失，应偿付对方此批货款总价____%的违约金。 2. 供货方如提前或延期交货或交货不足数量者，供货方应偿付需方此批货款总值____%的违约金。采购方如不按交货期限收货或拒收合格商品，亦应按偿付供方此批货款总值____%的违约金。任意一方如提出增减合同数量，变动交货时间，应提前通知对方，征得同意，否则应承担经济责任。 3. 供货方所发货品有不合规格、质量或霉烂等情况，需方有权拒绝付款（如已付款，应订明退款退货办法），但须先行办理收货手续，并代为保管和立即通知供货方，因此所发生的一切费用损失，由供货方负责，如经供货方要求代为处理，并须负责迅速处理，以免造成更大损失，其处理方法由双方协商决定。 4. 约定的违约金，视为违约的损失赔偿。双方没有约定违约金或者预先赔偿额的计算方法的，损失赔偿额应当相当于违约所造成的损失，包括合同履行后可以获得的利益，但不得超过违反合同一方订立合同时应当预见到的因违反合同可能造成的损失。 **八、不可抗力** 当事人一方因不可抗力不能履行合同时，应当及时通知对方，并在合理期限内提供有关机构出具的证明，可以全部或部分免除该方当事人的责任。 **九、纠纷处理** 本合同在执行中发生纠纷，签订合同双方不能协商解决时，可向人民法院提出诉讼（或申请仲裁机构仲裁的解决）。 **十、合同修订** 合同执行期间，如因故不能履行或需要修改，必须经双方同意，并互相换文或另订合同，方为有效。 采购方（盖章）：   供货方（盖章）： 法定代表人（盖章）：   法定代表人（盖章）： 开户银行及账号：   开户银行及账号：   年   月   日   年   月   日

8.2.16 模板：采购合同模板 2

下面是物资采购合同样本。

文案名称	物资采购合同样本	执行部门	
		版本	

采购方（以下称甲方）：
供应商（以下称乙方）：

依据《中华人民共和国合同法》，经甲乙双方平等协商就物资购销事宜达成以下条款，签订本合同并共同遵守。

一、标的物情况

1. 标的物基本情况表。

物资名称	规格型号	计量单位	单价/元	数量	金额/元

2. 表格说明。

(1) 表中所列材料均需在＿＿年＿＿月＿＿日到达公司（可约定期限）。
(2) 合同单价为（含税）到甲方指定卸货地点的价格。
(3) 本合同单价为固定单价（甲方物资以招标单价浮动计算公式为准）。
(4) 乙方按甲方书面计划供应，数量以甲方实际验收数量为准。

二、乙方保证

乙方保证对所售卖的标的物拥有所有权和处分权，不存在法律纠纷及诉讼，并与国家现行法律法规没有抵触，对供应的标的物的出让是其合法有效的行为。乙方就交付的标的物负有保证第三方不得向甲方主张任何权利的义务。乙方保证因标的物瑕疵给甲方造成损失的由乙方负责赔偿。

三、质量要求技术标准

乙方提供的产品必须符合国标及合同约定并提供相应产品质量证明书。

四、交货情况

交货时间、地点、规格、数量、收货人以甲方书面（传真）通知为准。

五、计量方式

按计件或称重计算。

六、包装规定

1. 包装物随标的物转移给甲方。乙方包装物包装应适应运输、装卸、防潮、防雨、防震、防锈等需要，确保标的物安全无损运抵合同约定地点。

2. 标的物的包装、标记和证件，须符合《产品质量法》及技术规格书规定的内容，严格遵守国家有关规定和买方的合理要求。

3. 由于乙方标的物包装不当或采取防范措施不充分，致使标的物损坏或丢失时，乙方均应按照合同的约定负责更换或赔偿。如因乙方原因造成合同标的物的误运，乙方应承担由此发生的额外费用。

续表

七、验收标准

1. 检验标准：乙方提供的产品应符合本合同第三点约定，乙方应随货同发必要文件，如：发货物资清单、出厂质量检验合格证单、化验单、出厂证、钢厂原始检验单等。

2. 标的物运抵交货地点后，甲乙双方应按乙方提供的发货物资清单对到货数量、外观、规格型号、合格证、质量证明书等进行核对查验。数量验收依据甲方书面发货通知进行，质量验收以质量证明书为依据，并由甲方收货人抽样复测。

3. 数量异议交货当时解决。如有质量异议甲方应在发现标的物质量十天内提出，并书面通知乙方。乙方应在____日内处理。

八、结算方式

1. 甲方每月办理一次结算手续。乙方于每月 20 日前提供国家规定税务发票和材料验收单等必要文件到甲方结算，乙方逾期未办理结算手续的，甲方将不再补办。甲方在办理结算手续后支付当月货款，其中____%货款留作质量保证金，质量保证金在甲方验收使用后____天内无息付清。质保金的支付不免除乙方对交付标的物产品质量的保证责任。

2. 付款方式：电汇或银行承兑汇票。

3. 乙方考虑到甲方资金不到位的特殊情况，同意甲方在合理期限内延期付款并不承担延期付款利息。乙方保证有一定的资金能力及合理的标的物库存量，保障及时供应，不影响甲方的正常施工生产。

九、不可抗力

1. 本合同约定的不可抗力指甲乙双方任何一方在签订本合同时不可预见的、遭受影响的一方不能克服和不能避免的，并对本合同的履行产生影响的客观情况。

2. 甲乙双方任何一方遭受不可抗力时应及时通知另一方，以便双方采取必要措施密切配合以减少此事件产生的影响，并在____天内出具权威独立第三方证明文件，双方应就是否继续履行或变更终止合同达成协议。

十、乙方其他义务

1. 在履行期间，应保证甲方所需规格的材料随时满足甲方需要，乙方应在本合同生效后保持合理库存，必要时准备临时储备场（费用由乙方承担）。

2. 乙方应统筹安排运输，确保设备、车辆和人员的正常运转，以满足按时、按质、按量安全地将标的物运到工地，不耽误甲方的正常施工；在途中发生的一切事宜均由乙方自行解决并承担相应费用。

3. 乙方在供应环节（含装、卸及运输过程）中，要保证达到绿色环保要求，如因进料污染环境、噪声等造成的纠纷及损失均由乙方承担。

十一、违约责任

1. 乙方如不能按照甲方要求的期限和数量将标的物运到甲方指定的地点，甲方有权解除合同；乙方不供货或供货时间、数量、方式和交货地点等不符合合同约定的，承担逾期供货货物总值的____%违约金，并赔偿给甲方造成的损失。

续表

2. 乙方所供标的物质量不符合约定且不能按甲方要求弥补的，甲方有权扣除乙方相应的质保金，并解除合同；乙方所供货品种、规格等不符合合同约定的，应承担无条件退货责任并无条件将所供的不合格材料清理出甲方场地；如给甲方造成损失的，依法承担赔偿责任。

3. 在质量保证期内，如甲方发现因本合同中的货物质量原因而使工程受到投诉损害，经有关国家部门证实后，甲方将从质量保证金中扣回损失，并保留进一步追究乙方责任的权利。质量保证金的返还不免除乙方对交付货物质量的保证责任。

十二、其他约定事项

1. 如乙方未按合同约定履行义务，甲方有权解除合同，并要求乙方赔偿给甲方造成的一切损失。

2. 乙方不能交付标的物或交标的物的时间、数量、规格和交货地点、质量等不符合合同约定以及不履行的，甲方有权解除合同并承担由此原因造成的损失，并按逾期交货部分货款总额的____%向甲方支付违约金。

3. 在质量保证期内，因标的物的质量原因而使工程受到投诉损害，经国家有关部门证实后，甲方将从质量保证金中扣回损失，并保留进一步追究乙方责任的权利。

4. 乙方承诺所提供的相关证明证件、税务发票真实有效，如因票据等不合法造成的一切损失由乙方承担，甲方有权从乙方应付料款中加倍扣除。本合同的履行完毕，不免除乙方承担损失的责任，甲方有权向乙方追索。

十三、纠纷解决方式

本合同履行过程中发生的争议，双方友好协商解决；协商不成的，双方均可向铁路运输法院起诉。

十四、生效

本合同一式四份，双方各执两份，自双方签字盖章之日起生效至双方履行完毕之日起终止。

采购方（甲方）：（签章）　　　　　　供应商（乙方）：（签章）

法定代表人：　　　　　　　　　　　　法定代表人：

委托代理人：　　　　　　　　　　　　委托代理人：

联系方式：　　　　　　　　　　　　　联系方式：

开户银行：

账号：

　　　　年　　月　　日　　　　　　　　　　年　　月　　日